고난은 사랑을 남기고

고난은 사랑을 남기고

지은이 | 김기현
초판 발행 | 2024. 2. 6
2쇄 발행 | 2024. 2. 26
등록번호 | 제 1988-000080 호
등록된 곳 | 서울특별시 용산구 서빙고로65길 38
발행처 | 사단법인 두란노서원
영업부 | 2078-3352 FAX | 080-749-3705
출판부 | 2078-3331

책값은 뒤표지에 있습니다.
ISBN 978-89-531-4790-4 03230

독자의 의견을 기다립니다.
tpress@duranno.com www.duranno.com

두란노서원은 바울 사도가 3차 전도여행 때 에베소에서 성령 받은 제자들을 따로 세워 하나님의 말씀으로 양
육하던 장소입니다. 사도행전 19장 8-20절의 정신에 따라 첫째 목회자를 돕는 사역과 평신도를 훈련시키는 사
역, 둘째 세계선교(TIM)와 문서선교(단행본·잡지) 사역, 셋째 예수문화 및 경배와 찬양 사역, 그리고 가정·상담 사역
등을 감당하고 있습니다. 1980년 12월 22일에 창립된 두란노서원은 주님 오실 때까지 이 사역들을 계속할 것
입니다.

김기현 목사의
사순절
가상칠언 묵상집

고난은

사랑을 남기고

김기현
지음

두란노

십자가는 복음의 핵심이다. 아니, 복음 그 자체이다. 십자가를 떠나서는 복음을 말할 수 없다. 수난 예고와 몸소 겪은 십자가 이야기가 비중은 각기 다르지만 네 복음서에서 대개 절반 이상을 차지한다. 일주일의 십자가 수난 이야기를 3년 이상의 공적 생애보다 더 많이 기록했다는 것은 주님이 선포하신 하나님 나라의 중심에 십자가가 자리한다는 강력한 증거다. 그래서 사도 바울은 십자가 외에 다른 것을 알고 싶지 않다(고전 2:2; 갈 6:14)고 했던 것이다.

마르틴 루터(Martin Luther)는 "십자가는 모든 것을 시험한다"라고 했다. 어떤 신학, 어떤 설교라도 그것에 십자가라는 리트머스 시험지를 갖다 대면 그 실체가 단박에 드러난다. 자기를 희생하는 하나님의 아가페적 사랑을 닮은 것인지, 타인을 희생하는 이기주의가 자리 잡고 있는 것인지, 또는 고난을 통과한 영광과 승리인지, 고난 없는 화려한 영광과 뜨거운 갈채만 추구하는지 알 수 있다. 그 복음이 가장 많이 담긴 것이 가상칠언이다. 그 일곱 말씀은 예수 그리스도의 공생애의 정점이자 절정이다.

이 책은 주 예수 그리스도께서 십자가 위에서 하신 일곱 말씀을 사순절 동안 묵상하도록 돕고자 썼다. 목회자라면 40일간의 새벽 기도회나 저녁 기도회 등에서 설교 자료로 활용할 수 있고, 성도들은 날마다 한 편의 글을 읽으며 십자가 복음에 깊이 잠길 수 있도록 했다. 여러 종류의 소그룹 모임도 염두에 두고 집필했다.

이 책에는 흐름이 있다. 도식화하면, 용서 → 낙원/안식 → 가정/관계 → 고통 → 의미 → 목적 → 죽음으로 이어진다. 그래서 왜 용서에서 시작하는지, 용서 다음에는 왜 낙원/안식이고 연이어 가정/관계가 자리하는지, 그다음에는 왜 고통에 관한 말씀을 하셨는지를 추적한다. 고통에서 의미로, 다시 목적과 죽음에 이르는 길도 마찬가지다. 죽음은 가상칠언의 완성이면서도 부활의 여정으로 나아가기에 끝이 아니라 새로운 시작이다. 십자가를 사랑하는 자에게 부활의 기쁨은 벼락같은 선물이 될 것이다.

일련의 흐름을 따라가면서 점층적으로 누적이 되도록 설계했다. 즉, 용서는 죽음으로 완성되고 부활 이후의 삶으로 이어진다는 점에서 일직선이지만 죽음 이후의 새 삶은 용서로 연결된다는 점에서 하나의 원을 이룬다. 그리하여 우리는 나선형 구조로 성장하며 십자가를 본받고 따르는 여정을 계속 밟는다. 그러나 독자에 따라 번거롭고 번다한 중복으로 읽힐 수 있는데, 바울 사도가 빌립보교회 성도들에게 보낸 편지의 한 구절처럼 '같은 말을 되풀이해서 쓰는 것'(빌 3:1)은 안전하고 확실하다.

구조를 파악하면 책을 읽는 데 도움이 될 것이다. 각 말씀을 묵상하는 첫날(예를 들면, 1일, 7일, 13일, 18일, 24일, 29일, 35일)에는 일련의 흐름을 파악하도록 했다. 각 말씀의 마지막 날은 실천에 초점을 맞추었다. 40일 내내 어느 하루도 적용을 염두에 두지 않은 날이 없지만, 그래도 이날은 총결산의 묵상이다. 십자가의 도전을 어떻게 살아야 할지를 묵상하도록 했다. 중간의 3일 혹은 4일치는 각 키워드에 해당하는 묵상들이다.

독서 방법도 조금 달랐으면 한다. 빨리가 아니라 천천히, 한 번이 아니라 반복적으로, 눈이 아니라 입으로, 머리가 아니라 가슴으로, 온몸으로 읽으면 좋겠다. 가상칠언을 최소한 세 번 이상 천천히 소리 내어 읊조리고, 손으로 한 자 한 자 정성을 다해 꾹꾹 눌러 필사하고, 제시된 본문의 내용으로 각자의 묵상 내용을 적고, 기도를 따라하며, 자연스레 우러나오는 적용을 찾아 실천해 보기를 바란다. 주님의 고난을 기억하는 기간이기에 십자가의 복음을 몸과 삶으로 읽어야 한다고 믿기 때문이다. 그런 점에서 이 책의 완성자는 독자이다.

독자만이 아니라 몇몇 사람이 저자의 고단함에 참여했다. 이 원고를 읽고 각자의 자리에서 정성 어린 비평을 가해 주었다. 김서은은 여성과 청년, 이영일은 남성과 교인, 최병유는 남성과 목사, 최설미와 황진숙은 여성과 평신도의 자리에서 교정해 주었다. 기도문은 김서은이 쓰고 내가 다듬었으며, 토론 질문은 김정희, 최병유, 최설미가 맡아 주었다. 실로 감사하다. 공동체를 이루어 협력해 준 이들이 있어 독자들이 읽기에 한결 수월할 것이다.

출판을 결정하고 편집하고 홍보하는 두란노서원에 깊이 감사드린다. 그리고 가족과 교회가 있어서 이 책을 집필할 수 있었다. 사랑하는 아내와 학자와 작가로 성장하는 아들과 딸은 야곱의 곁을 떠나지 않던 천사와 같다. 사랑을 전한다. 특히 이번 책은 내가 사랑하고, 나를 사랑하는 로고스교회 성도들에게 바친다. 이 책의 초고는 세 차례 연속 설교 원고였다. 베뢰아 사람 이상으로 설교를 듣고, 디모데처럼 대화를 나누고 격려해 준 교우들이 있어 이 책을 쓸 수 있었다. 부디 이 책으로 모든 독자와 성도들이 십자가를 알고, 십자가를 믿고, 십자가를 살기를 기도한다.

2024년 2월
부산에서 김기현

1 __ 사하여 주소서

아버지 저들을 사하여 주옵소서
자기들이 하는 것을 알지 못함이니이다
_눅 23:34

‖ 낭독 ‖　“아버지 저들을 사하여 주옵소서 자기들이 하는 것을 알지 못함이니이다”(눅 23:34).

‖ 필사 ‖
....
....

왜 예수님이 십자가에서 하신 일곱 말씀 중에 첫 번째가 용서였을까요? 사형 도구인 십자가에 달린 자는 몇 시간, 며칠에 걸쳐 혼수상태에서 서서히 죽어 갑니다. 고통에 못 이겨 악을 쓰며 소리 지르곤 합니다. 저주도 하고, 자책도 합니다. 체념과 후회에 빠지곤 합니다. 그런데 예수님은 용서한다고 말씀하셨습니다. 가장 먼저 떠오르는 후보는 '하나님을 사랑하라, 서로를 사랑하라'인데, 그것이 아닙니다. 성경에 가장 많이 반복된 명령인 '두려워하지 말라'도 아니고, '기도하라, 전도하라'도 아닙니다. 왜 하필이면 용서일까요?

　예수님의 공적 생애를 내딛는 첫마디도 용서와 관련되어 있습니다. "회개하라"(마 4:17). 회개는 돌이킬 죄를 전제하지 않으면 의미가 없는 말입니다. 죄를 용서해 줄 테니, 그런 길이 열렸으니 마음을 고쳐먹고 행동을 바꾸라는 것입니다. 그러니 주님의 첫 외침은 정녕 용서였습니다.

예수님이 이 땅에 오신 이유도 죄 용서였습니다. 스스로 당신의 사명을 밝히시기를, 잃어버린 자를 찾기 위해(눅 19:10), 당신이 대속물로 죗값이 되기 위해 이 땅에 오셨다고 했습니다(막 10:45). 주님은 이 땅에 우리의 죄를 용서하기 위해 그리고 그 용서의 대가가 되기 위해 오신 것입니다.

용서 없이는 예수도 없습니다. '용서=예수'입니다. 하지만 이 공식은 우리에게 오해를 불러일으킵니다. 예수님에게는 용서가 너무나 쉽고 간단한 일이라고 말입니다. 그래서인지 자동으로 척척 용서된다고 말입니다. 그러니 우리 죄를 용서하고, 서로의 죄를 용서해 주라고 설교하신다고 말입니다.

아닙니다. 예수님에게도 용서는 그토록 중요하고 절실했습니다. 그분도 용서하지 않으면 안 될 사람들이 있었고, 용서로부터 시작하지 않으면 안 되었습니다. 십자가의 고통 속에서도 떠올린 첫마디가 용서일 만큼 용서는 버겁고 힘겨운 것이었습니다. 이처럼 우리는 용서에서 시작하지 않으면 십자가의 진실을 볼 수 없고, 십자가의 삶도 살 수 없습니다.

그러고 보면, 용서는 우리에게도 중차대한 문제입니다. 사람은 관계 속에서 살아가는데, 그 관계 속에서 우리는 상처를 주고받지 않는 날이 한날도 없습니다. 우리와 관계 맺은 모든 사람과 어떤 형태로든 고통을 주고받습니다. 그 억눌리고 뒤틀린 관계를 바로잡는 것이 다름 아닌 용서입니다. 용서 없는 회복이란 없습니다.

누구보다도 죽음에 민감했던 위대한 소설가가 있습니다. 19세기 러시아를 대표하는 위대한 작가 레프 니콜라예비치 톨스토이(Lev Nikolayevich Tolstoy)입니다. 그는 자신의 삶을 녹여 쓴 작품《이반 일리치의 죽음》에서 용서를 구하는 것이 마침내 삶의 완성이고 죽음의 공포를 극복하는 힘임을 역설합니다. 소설의 주인공인 '이반 일리치'는 약간의 굴곡은 있었지만 나름 평탄하고 승승장구한 관료였습니다. 사소한 실수로 다친 몸이 갈수록 도져, 죽음의 문턱에 다다라서야 자신의 과거를 소환합니다. 돌아보니, 사랑하지 않는 삶이었습니다. 상처받은 아내와 아이들이 보였습니다.

아버지의 죽음을 슬퍼하며 우는 아이의 머리를 쓰다듬는다는 것이 그만 때린 것이 되었습니다. "용서해 줘"(쁘로스찌)라고 말한다는 것이 그만 "내보내"(쁘로뿌스찌)가 되고 말았습니다. 차마 하지 못한 말이지만, 그 말을 아이와 아내가 알아차렸을 것이라고 믿습니다. 그 순간, 위안과 함께 자신을 비추는 따뜻한 빛을 느낍니다. 그러면서 그렇게도 두려워했던 죽음을 받아들이게 됩니다. 용서받음으로 죽음을 수용하게 된 것입니다.

이 소설은 우리 주님의 첫 말씀이 왜 용서인지를, 마지막 말씀이 왜 죽음에 관한 것인지를 뚜렷하게 드러냅니다. 작가에게는 용서가 죽기 전 마지막 말이었다면, 우리에게는 사랑하는 사람에게 반드시 해야 할 첫마디입니다. 매일매일 용서를 말할 때 우리는 가상칠언의 맨 마지막 말씀처럼 우리 영혼을 온전히 하나님 아버지 손에 의탁할 수 있습니다.

그러므로 예수님과 함께 여기서 시작해야 합니다. 용서받고 용서하는 그것이 새로운 삶의 출발점입니다. 다른 것은 없습니다. 주님처럼 우리도 용서에서 시작해야 합니다. 용서받지 않고, 용서하지 않고는 변화도, 만남도 없습니다. 용서에서 시작해야 합니다. 그것이 십자가의 길입니다.

‖ 묵상 ‖ ....

....

‖ 기도 ‖ 주님, 십자가의 길을 따르고자 했으나 아직도 용서하지 못함을 회개합니다. 저를 아프게 한 그 사람, 저를 버린 그 사람을 용서하기가 너무 힘이 듭니다. 이런 저를 불쌍히 여겨 주십시오. 또한 당신의 사랑 안에서 거듭나는 기적을 경험한 당신의 자녀답게 넓은 마음으로 용서할 수 있게 도와주십시오. 예수님의 이름으로 기도합니다. 아멘.

‖ 실천 ‖ ....

....

‖ 낭독 ‖   "아버지 저들을 사하여 주옵소서 자기들이 하는 것을 알 지 못함이니이다"(눅 23:34).

‖ 필사 ‖   ....
....

근원부터 차례대로 철저히 조사하여 기록한 누가에 의하면(눅 1:3), 십자가의 주님 입에서 발화한 첫 단어는 정녕 '아버지'였습니다. 왜 아버지였을까요? '용서'와 '아버지'는 어떤 상관관계가 있을까요?

죄 용서는 하나님만의 고유한 권한입니다. 모든 사람은 하나님 의 형상이요, 자녀요, 소유물입니다. 그래서 죄는 창조주와 주인 인 하나님께 지은 것입니다. 우리아를 살인 교사하고 밧세바를 범 한 다윗은 다른 누구도 아닌 오로지 주께만 죄를 지었다고 회개합 니다(시 51:4). 사람에게 지은 죄도 하나님에게 지은 것이기에, 마땅히 그분에게 용서를 빌어야 합니다.

하나님만이 용서하실 수 있다는 주장에 대해 양쪽에서 분노합니 다. 한쪽은 왜 인간이 용서할 수 있는 권리를 빼앗아 가는가를 묻 는 영화, 〈밀양〉의 주인공 신애의 항변입니다. 가해자를 용서할 수 있는 피해자의 단 하나 남은 권리를 당사자에게 묻지도 않고 일방적으로 용서했다고 분노합니다. 신애가 만났던 살인자는 자신이 죽인 아이와 그 어미에게 진정으로 용서를 구하기 전까지는 하나님에게서 어떤 용서도 받지 못합니다(마 6:12). 그가 한 아이를 죽인 것은 아이의 주인이신 하나님을 죽인 것과 진배없습니다. 그는 용서받지 못한 자입니다. 그 어미에게 빌며 사죄하기 전까지 말입니다.

다른 한쪽은 신애와 정반대로 말합니다. 용서는 하나님만의 권한인데, 예수가 함부로 용서한다고 분노합니다. "이 신성 모독하는 자가 누구냐 오직 하나님 외에 누가 능히 죄를 사하겠느냐"(눅 5:21). 예수가 타인의 죄를 용서함은, 그가 신의 권한을 침해한 신성 모독자이거나, 아니면 하나님이거나 둘 중 하나일 것입니다.

예수님의 혁명 중 하나는 용서라는 하나님만의 권리를 우리에게 이양하셨다는 것입니다. 용서할 때, 우리는 하나님의 대리자가 됩니다. 하나님은 용서받은 우리 각 사람을 통해 일하기를 원하십니다. 그분은 원수 된 세상 및 사람들과 하나님과의 화해를 주선하는 평화의 대사(고후 5:20)로 그리스도인을 부르셨습니다.

그런데 우리에게 용서할 권리를 대여하신 그 하나님의 정확한 이름은 '아빠'입니다. 예수님에게 하나님은 언제나 아빠입니다. 그 부름을 들은 하늘 아빠의 마음은 어떠셨을까요? 인류를 사랑하고 구원하기 위한 희생으로 아들이 십자가에서 죽는 것을 허용하신 아빠, 아니, 죽도록 예정하고 결정하셨던 아빠는 말이 없습니다. 미안할 뿐, 같이 아플 뿐, 함께 울 뿐입니다. 하나님은 마지막 순간에

아기가 헤벌쭉 웃으며 두 팔 벌려 안아 달라고 "아빠, 아빠" 부르듯 외로움에, 서러움에 당신을 부르고 부르는 아들을 차마 볼 수 없어 고개를 돌려 훌쩍이시지 않았을까요?

우리는 하늘 아빠의 아들을 죽인 자로 십자가 앞에 서 있습니다. 용서받을 수 없는 죄인으로서 용서를 청합니다. "아빠…." 용서받은 우리는 하늘 아빠의 아들을 대신해서 십자가에 달린 자로 서 있어야 합니다. 용서하는 순간, 우리는 하나님의 아들/딸이 됩니다. 그래서 주님처럼 말합니다. "아빠!" 아마도 하늘 아빠는 조용히, 아주 조용히 대답하실 것입니다. "그래, 내 사랑하는 아들/딸아." 이런 우리를 당신의 품으로 안아 주며 어깨를 토닥이시는 하나님은 정녕 '아빠'입니다.

∥ 묵상 ∥

∥ 기도 ∥ 주님, 저는 종종 삶이 왜 이렇게 힘드냐고 묻곤 했습니다. 용서할 일도, 용서받을 일도 없다면 참 좋을 텐데 주님께서는 왜 이리 힘든 일을 허락하시는지요. 그러나 감당할 수 있는 고난만을 주겠다고 하셨으니 기꺼이 용서하고, 용서를 비는 삶을 살게 해 주십시오. 제 삶 가운데 살아 계시는 주님과 함께라면 못 할 일이 없음을 믿습니다. 예수님의 이름으로 기도합니다. 아멘.

저들을 사하여 주옵소서

‖ 낭독 ‖ "아버지 저들을 사하여 주옵소서 자기들이 하는 것을 알
지 못함이니이다"(눅 23:34).

‖ 필사 ‖

"목사님은 용서가 쉽던가요?" 빌레몬서를 강론하면서 용서해야 한
다고 힘주어 설교하는 젊은 부목사에게 나이 든 목사가 묻습니다.
그러고는 돌아서면서 들릴 듯 말 듯 혼잣말을 합니다. "나는 용서
가 가장 힘들던데…."

이 세상에 쉽거나 만만한 일은 없습니다. 신앙생활도 마찬가지
입니다. 예배하는 것도, 기도하는 것도, 전도하고 봉사하는 것도,
성경 읽는 것도 다 하기 싫고 힘든 일입니다. 하지만 개중에 죽기보
다 싫은 것이 '용서하기'입니다.

주님은 왜 십자가에서 용서하게 해 달라고 간절히 부르짖으신
것일까요? 정의라는 잣대, 피해자의 고통을 생각하면 용서라는 일
은 심히 불공평합니다. 정의가 벌 받을 자에게 마땅한 벌을 주는 것
이라면, 용서는 그 벌을 제하는 것이 아닌가요? 그렇다면 용서는
정의에 어긋나는 일이 아닌가요? 그런데 왜 정의로운 하나님이 용

서라는 부정의를 행하실까요?

용서가 정의의 실천이기 때문입니다. 내가 나에게 악하게 행한 당사자를 찾아가서 말합니다. "당신은 내가 스스로 죽고 싶을 만큼 나에게 큰 죄를 지었습니다." 이것은 가해자를 죄인이라고 규정하는 일입니다. 용서하기 위해서는 그의 잘못을 말해야 하고, 그가 자신의 행동을 시정하기 위해서는 스스로의 잘못을 알아야 합니다. 이것이 정의의 시작입니다.

그리고 용서는 정의의 실현입니다. 대개 고통을 준 사람과 받은 사람의 상관관계를 보면 돈이나 힘이나 지위에 따른 우열(상하)이 있습니다. 보통 가해자들은 강자요 가진 자이고, 피해자들은 약자요 없이 사는 사람이기 십상입니다. 자신이 늘 우위에 있다고 자부하며 다른 이들은 눈을 내리깔고 얕잡아보는 자에게 대뜸 그 사람의 잘못을 말하고 용서를 운운한다면 그것만큼 불쾌하고 화가 나는 일이 없습니다. 돈이면 다 되고 힘이 최고라고 여기는 자들이 돈과 힘으로 누를 수 없는 전혀 다른 공식으로 행하는 자들을 만나면 완전히 패닉 상태에 빠지게 됩니다. 그런 적은 없었기 때문입니다. 아무 잘못이 없어도 싹싹 빌고 굽실거리는 자들만 보았는데, 자신을 향해 감히 잘못했다고 말하고 겁도 없이 용서해 준다고 하면 그는 길길이 날뛸 것입니다.

또한 용서는 자유입니다. 용서는 용서하는 나를 자유롭게 합니다. 나 살자고 용서하는 것입니다. 누군가를 용서한다는 것은 원수를 내 마음의 보좌에 앉게 하지 않겠다는 선언입니다. 누군가를 미

위하며 보내기에는 내 인생이 너무나 소중하고 아름다우며, 그가 한 행동이 더 이상 내게 아무런 영향을 미치지 않는다는 것입니다. 그리하여 용서는 나를 자유롭게 합니다. 그리고 그 용서를 받아들이는 가해자에게는 자신의 과거의 죄에서 벗어나 새로운 삶을 살 기회를 주게 됩니다.

무엇보다도 우리가 타인의 죄를 용서해야 하는 까닭은, 내가 용서받았기 때문입니다. 내가 주를 처음 만난 날, 내 죄를 아뢰었던 그날, 나는 용서받았습니다. 아니, 이미 주님이 십자가에서 용서의 기도를 드리셨을 때 나도 용서받았습니다. 용서받은 나는, 용서하는 나일 수밖에 없습니다. 하나님의 아들을 죽인 죄를 용서받은 나이기에, 그에 비하면 보잘것없는 타인의 죄를 용서하게 됩니다.

용서, 그 가장 힘든 일을 우리 주님은 해내셨습니다. 이제 우리의 차례입니다. 여전히 힘들고, 미치도록 거부하고 싶습니다. 아직은 아니라고, 지금은 아니라고, 준비되지 않았다고 말하는 우리에게 예수님은 "그대를 용서했노라"라고 말씀하십니다. 이제 주님과 함께 기도하지 않겠습니까? "저들의 죄를 사하여 주소서."

‖ 묵상 ‖ ....

....

‖ 기도 ‖   하나님, 그리스도인으로서 가장 하기 싫었던 것이 용서
          입니다. 어떨 때는 그 사람을 용서하지 않는 것이 올바

22

른 일인 양 느껴지기까지 합니다. 차라리 하나님이 저를 용서하지 않으셨다면 하고 감히 바랐던 시간마저 있습니다. 제게 삶을 주고 생명을 주신 주님, 제가 얼마나 아픈지 아시지요. 그럼에도 제게 용서하라 하심은 제가 고통과 원망 속에 살기를 원치 않으시기 때문일 것입니다. 주님의 사랑을 본받아 제 마음속에서 사랑과 용서가 흘러나오기를 소망합니다. 예수님의 이름으로 기도합니다. 아멘.

‖ 실천 ‖ ....

....

‖ 낭독 ‖　"아버지 저들을 사하여 주옵소서 자기들이 하는 것을 알
　　　　지 못함이니이다"(눅 23:34).

‖ 필사 ‖ ....
....

지금껏 투덜거리기만 했습니다. 늘 성이 나 있었습니다. 이제껏 상
처받았다며 내 속의 짐승 같은 무엇이 으르렁거렸습니다. 나는 왜
늘 당하기만 하는지 억울하다며 가슴을 쳤습니다. 고통 받는 불쌍
한 어린양이라 여기며 자위했습니다. 그러면서 왜 내게만 이런 일
이 일어나는지, 왜 하필이면 나인지 너무 답답했고, 이런 일을 허락
하신 하나님이 미웠습니다.

　그런데 십자가는 정반대의 진실을 똑똑히 알려 주었습니다. 내
가 상처받은 것이 진실인 만큼, 아니 그 이상으로 나는 남에게 상처
를 주는 사람이었습니다. 내가 탓했던 모든 것과 모든 사람은 기실
책임 전가와 화풀이 대상이었고, 내 죄를 감추고 싶어서 그랬던 것
입니다.

　십자가로 인해 보았습니다. 십자가의 주님은 나 때문에 힘들었
던 사람들의 얼굴과 정확히 포개어집니다. 십자가는 나 때문에 고

통 받아 널브러진 가족과 이웃의 맨얼굴을 보여 주었습니다. 내가 없었다면 더 행복했을 사람들, 더 많이 웃었을 사람들이 나로 인해 슬퍼하며 울고 있다는 것을, 십자가의 예수를 보면서 알았습니다. 나는 고통 받는 자가 아니라, 고통을 주는 자였습니다.

그것은 내가 죄에 중독되었기 때문입니다. 죄는 나의 선택이었고, 나는 죄의 노예가 되고 말았습니다. 내 속의 나는 싫다고, 죄로부터 벗어나려고 발버둥 치지만, 정신을 차려 보면 주변은 초토화되어 있고 흥건한 눈물 자국입니다. 그러고 싶지 않았는데, 잘하고 싶고 잘해 주고 싶었는데 맘대로 되지 않았습니다.

죄짓기는 한 번이 두 번, 세 번이 되더니 어느새 내 몸에 밴 습관이 되었고, 나 자신이 되었습니다. 그것을 떼어 놓지 않는 한 나는 내가 아니라 괴물인 것입니다. 내 속의 죄가 주인이 되어 나도 어쩔 수 없이 험한 말을, 악한 짓을 하고 맙니다. 죄는 단절, 분리라고 합니다. 그렇습니다. 죄는 나와 하나님을 분리하고, 내가 죄악 된 자아의 종이 되게 했습니다.

그 죄가 마침내 예수님마저 십자가에 못 박을 만큼 크게 자라 버렸습니다. 내가 한 짓은 예수님을 십자가에 못 박는 것이었습니다. 우리가 십자가에 공헌한 것이 있다면, 예수님을 십자가에 매달았다는 것입니다. 우리가 십자가의 구속에 보탠 것이 있다면, 그분의 고통을 가중한 것입니다.

예수님을 십자가에 못 박은 내가 무슨 죄인들 못 짓겠습니까. 차마 짓지 못할 죄가 어디 있겠습니까. 그런데도 나는 고통당한 자,

상처 입은 자 코스프레를 하고 살았습니다. 억울한 것이 아니라 억울하게 만든 것입니다.

"아니에요. 저는 성실히 주어진 일을 했습니다. 내 몸 하나 건사하기 힘들었고, 그것만으로도 충분히 사랑이라고 여겼습니다. 그것이라도 없으면 나는 물론이고 가족은 배를 곯아야 하는데, 그래서 어쩔 수 없이 마음과는 달리 가족보다는 일을 우선시했을 뿐이라고요." 당신의 이런 진심을 몰라주고 수고를 인정하지 않는 사람들이 밉습니까?

이때껏 사랑하는 이들에게 무엇을 하고 살았는지, 그들의 얼굴을 들여다보십시오. 나를 사랑하지만, 애써 눈물을 감춘 슬픈 표정이 보입니까? 나는 무엇을 하며 살았더란 말입니까. 사랑하는 것이 우리가 해야 할 일이고, 사랑 외에 그 무엇도 사랑을 능가하거나 우선하지 못합니다. 십자가의 주님 얼굴을 닮은 가족이 그 증거입니다.

지금껏 내가 한 것이 무엇인지, 무슨 짓을 하며 살았는지 이제 알았습니다. 주님과 이웃을 그리고 나를 십자가에 못 박는 삶이었습니다. 내가 행한 짓을 고백합니다. 엎드려 청하오니, 용서하여 주십시오.

‖ 묵상 ‖ ....

....

26

주님, 저는 비참한 사람입니다. 선한 일을 행하고자, 죄를 짓지 않고자 다짐해도 제 몸은 이미 죄의 노예가 되어 있습니다. 제 부끄러운 마음을 헤아려 주시고, 저를 이 괴로움에서 건져 주십시오. 죄의 노예 된 삶에서 건져 주실 주님을 찬양합니다. 예수님의 이름으로 기도합니다. 아멘.

‖ 실천 ‖ ....

....

‖ 낭독 ‖ "아버지 저들을 사하여 주옵소서 자기들이 하는 것을 알
지 못함이니이다"(눅 23:34).

‖ 필사 ‖

....

....

그 누가 알았겠습니까. 내가 뒷담화하는 그 사람이, 마음껏 욕해
도 된다고 생각하는 그 사람이, 맞아도 싸다고 취급받는 그 사람이,
차라리 없었으면 하는 그 사람이, 사는 것보다 죽는 것이 낫다고 여
기는 그 사람이 어쩌면 예수일는지. 그건 모르는 일입니다.

그날 그곳, 십자가 주변 사람들도 몰랐습니다. 죽었다가 깨어나
도, 수천 번 생각을 고쳐먹어도 그때 그가 그토록 기다리던 메시
아, 하나님의 아들이라고는 꿈에도 생각지 못했습니다. 설사 누군
가 귀띔을 해 주었더라도 손사래를 치면서 강하게 부정했을 것입
니다.

야곱도 그랬습니다. 그는 얍복 강 나루터에서 어둑해진 나절부
터 죽음의 공포에 떨며 기도합니다. 한순간에 가족과 재산을 잃을
까 노심초사합니다. 그때 누군가 다가옵니다. 필시 형 에서이거나
그가 보낸 자객이겠거니 짐작하고 죽을 둥 살 둥 싸웁니다. 그러다

먼동이 틀 무렵에야 보았습니다. 원수인 줄 알고 싸웠는데, 하나님이었습니다. 하나님이 내 원수의 얼굴이었고, 내 원수가 하나님의 얼굴이었던 것입니다.

바울도 알지 못했습니다. 그는 스데반을 돌로 때려죽이는 일을 적극적으로 찬동했습니다. 예루살렘 반경을 벗어나서 멀리 다메섹에 이르기까지 예수의 도를 따르는 자들을 때리고, 가두고, 죽이는 일에 혈안이 되어 있었습니다. 그래도 그는 기뻤습니다. 하나님을 위한 일을 한다고 철석같이 믿었기 때문입니다.

다메섹으로 가는 길 위에서 그는 뚜렷이 들었습니다. "사울아, 사울아, 네가 왜 나를 핍박하느냐?"(행 9:4, 새번역) 하늘의 음성이란 곧 하나님인데, 그분이 당신을 예수라 합니다. 충격과 공포에 사로잡힌 바울은 속으로 외쳤을 것입니다. '그럴 리가 없어. 아니, 그러면 안 되는 거야. 내가 살인을 정당화했던 스데반이, 내가 때리고 가두고 죽이던 그들이 하나님이었다니. 예수가 하나님이었다니. 이럴 수가.'

다메섹에서 만난 하나님이 말씀하십니다. "나는 네가 죽이려고 하는 예수다." 죽어 마땅하다고 여겼는데 그가 하나님이었다니요. 하나님을 위한 일인 줄 알고 그리도 미친 열정으로 투신했건만, 하나님에 반하는 미친 짓을 일삼았던 것입니다. 죽이도록 미워했던 그가 하나님이었다니, 바울은 정말 알지 못했습니다.

알지 못한 채 누군가를 할퀴고 씹어 댄 나를 주님이 용서하셨습니다. 그러나 그것은 아무 일 없었다는 듯 눈 감아 주거나 시치미

떼도 된다는 것이 아닙니다. 내가 무슨 짓을 했는지를 똑똑히 알게 해 주는 것이 용서입니다. 내가 용서받을 때 그동안 알지 못했던 죄의 실상을, 실체를 여실히 알게 됩니다. 왜 그럴까요? 용서할 때 우리는 "너는 이러이러한 행동과 말로 나를 아프게 했어. 그러나 나는 용서를 선택했어"라고 말합니다. 이처럼 용서는 상대방을 꾸짖으며 그의 잘못을 상기시켜 줍니다. 그가 알지 못하든, 알지 못하는 척을 하든, 그가 무슨 짓을 했는지를 똑똑히 보여 주는 것, 그것이 용서입니다. 무지에 기반한 용서는 없습니다. 용서는 진실 위에서 성립합니다.

한나 아렌트(Hannah Arendt)는 《인간의 조건》에서 "인간이 알지 못하고 행한 것으로부터 부단히 인간을 해방해야만 인간의 삶은 계속 가능할 수 있다"고 말합니다. 용서를 말하지 않으면 알지 못하기에 인간은 이전의 습성을 따라서 상처 주는 삶을 고치지 않을 것입니다. 그러나 용서한다는 청천벽력 같은 말을 들을 때, 우리는 그간 무엇을 했는지를 보게 됩니다. 내가 행한 것은 오직 죄뿐입니다.

이제 알았습니다. 내가 주님을 십자가에 못 박았음을요. 가족을, 이웃을 십자가에 못 박았음을요. 몰랐습니다. 외면했습니다. 아니길 바랐습니다. 그러나 이제는 단단히 압니다. 주님께 한 것이 사람에게 한 것이고, 사람에게 한 것은 곧 주님께 한 것임을요. 용서가 나를 새롭게 시작하게 하는 힘이라는 것을 이제는 알게 되었습니다.

‖ 기도 ‖ 예수님, 저를 불쌍히 여겨 주십시오. 당신을 십자가에
못 박아 죽인 이는 다른 누구도 아닌 저였습니다. 제 얼
굴이 바로 당신을 팔아넘긴 가룟 유다의 얼굴입니다.
그럼에도 저는 당신이 가셨던 그 길을 따라가길 원합니
다. 저를 인도해 주십시오. 나보다는 남을 위해 사는 길
로, 조금 손해 보며 사는 길로 가게 해 주십시오. 예수
님처럼 살길 원합니다. 예수님의 이름으로 기도합니다.
아멘.

‖ 실천 ‖

‖ 낭독 ‖   "아버지 저들을 사하여 주옵소서 자기들이 하는 것을 알
지 못함이니이다"(눅 23:34).

‖ 필사 ‖

....

....

왜 기도일까요? 십자가는 기도하기 좋은 자리가 결코 아닙니다. 십
자가는 은은히 발광하는 네온사인도 없고, 조용히 흐르는 음악도
없고, 나지막하거나 격렬한 흐느낌도 없는 곳입니다. 죽이라는 아
우성만이 난무하는 곳입니다. 그런데도 기도하며 용서를 말씀하십
니다. 용서하면 그만이지, 굳이 기도라는 형태를 빌려서 말씀하실
필요가 있었을까요?

앞서 말한 대로, 모든 죄는 하나님에게 지은 것이고, 따라서 용
서는 하나님에게 받아야 하기에 우리는 그분께 기도해야 합니다.
용서의 주체는 하나님이시고, 용서의 주권은 하나님께 있습니다.
그분이 용서하셔야 용서가 있기 때문입니다. 그러니 기도할 수밖
에 없는 것입니다. "아빠, 나를 죽이려는 저들을 용서해 주세요. 네,
아빠."

또한 우리가 용서하지 않으면 하나님도 용서하지 않으신다고 했

습니다. 땅에서 용서한 다음 하늘에 비는 것이 기독교의 순리입니다. 땅에서 풀어야 하늘에서도 풀리는 것이 기독교의 도리입니다. 그러나 용서란 죽기보다 싫은 일이기에, 용서하는 마음을 달라고 아득바득 외치지 않으면 안 됩니다. "용서하기 싫은데, 용서가 안 되는데, 용서하게 해 주세요."

이는 예수님도 용서하는 것이 그리 쉽지 않으셨다는 뜻입니다. 예수님은 하나님이시므로 인간의 죄를 용서하는 것이 아주 쉬울 것이라고 착각합니다. 못 하시는 일이 없는 분, 하고자 하면 뭐든지 하실 수 있는 전지전능(全知全能)하고, 무소부재(無所不在)하신 하나님에게 용서란 식은 죽 먹기라고 여깁니다. 하지만 주님에게도 용서란 쉽지 않은 일이었습니다.

저는 어쩌면 주님도 용서하기 싫으셨던 것이 아닐까 하는 생각을 해 봅니다. 치욕스러운 십자가 방식의 죽음도, 죽이면 죽였지 저 나쁜 인간들을 용서하는 것도 분노가 치밉니다. 제가 만일 주님이었다면, 제가 그때 그 자리에 매달려 있었다면, 손오공처럼 제 온몸의 털을 뽑아서 칼과 창을 만들어 시원하게 복수했을 것입니다. 하지 못한 것이 원통하고, 할 수 없는 것이 한스러울 따름입니다.

주님은 그 욕망을 억누르기 위해 하늘 아빠에게 간절히 호소하십니다. 용서해 달라는 기도는 용서하는 마음을 달라는 기도에 불과합니다. 주님도 용서가 쉽지 않으셨기에 하늘을 향해 힘을 모아 부르짖습니다. "아버지여 만일 아버지의 뜻이거든 이 잔을 내게서 옮기시옵소서 그러나 내 원대로 마시옵고 아버지의 원대로 되기를 원하나이다"(눅 22:42).

기도는 청원이나 간청이지, 요구나 명령이 아닙니다. 용서도 마찬가지입니다. 용서는 강요할 수도 없고, 강요해서도 안 됩니다. 용서가 당위가 되면 피해자는 한 번 더 고통의 나락에 빠지게 됩니다. 받은 상처도 감당하기 어렵거늘, 하나님의 자녀요, 예수님의 제자로서 용서하지 못한다는 죄책감에까지 시달립니다. 따라서 결코 용서를 재촉하거나 강압해서는 안 됩니다.

누군가가 용서하지 못하고 있다면, 닦달할 일이 아니라 조용히 기도해야 합니다. 우리는 용서할지 말지를 결정하는 주인이 아닙니다. 용서의 주권자요, 주체인 하나님께서 그를 움직이실 것입니다. 하나님께서 당신의 시간에 당신의 방법으로 하실 것입니다. 우리는 그가 용서할 마음을 갖도록 그저 기도하며 기다릴 뿐입니다.

용서란 강요될 수 없는, 자유의지를 가지고 자발적으로 해야 하는 것입니다. 용서할 마음의 문을 완전히 닫아걸지 마십시오. 용서하지 않는 마음도 성령의 바람이 불어와 열릴 때 깃털처럼 날아갈 듯한 자유를 만끽할 것입니다. 용서할 마음이 없어도 주님처럼, 주님과 함께 주님의 기도를 드려 보십시오. "아버지, 저들의 죄를 용서하여 주소서."

‖ 묵상 ‖ ....

....

‖ 기도 ‖ 하나님, 다 잃어버리더라도 선하고 너그러운 마음씨만
큼은 간직하고 싶습니다. 받은 상처가 아무리 크더라도
복수심에 사로잡히지 않고 예수님처럼 용서하고 싶습
니다. 이제껏 내려놓지 못해 괴로웠던 짐을 내려놓고,
넘쳐나는 은혜의 물결 속에서 제 마음에도 사랑과 자비
가 가득하길 기도합니다. 예수님의 이름으로 기도합니
다. 아멘.

‖ 실천 ‖ ....

....

1장
나눔과 질문

◇◇◇◇

1. 당신은 용서하거나 용서를 구해야 할 사람이 있나요? 지금 생각나는 사람을 위해 용서의 말을 적고 용기 있게 나누어 보세요.

2. 하나님을 '아빠'라고 부르는 것은 용서와 어떤 관계가 있나요? '아빠'라고 부르는 것은 당신에게 어떤 의미인가요?

3. 용서가 '정의의 실현'이라는 말에 동의하나요? 용서가 '정의의 실현'이 되려면 당신은 무엇을 해야 하나요?

4. 당신은 예수님을 십자가에 못 박았다고 생각하나요? 동의하든, 동의하지 않든 왜 그렇게 생각하나요?

5. 알지 못하고 지은 죄와 알고 지은 죄 중에 무엇이 더 나쁠까요?

6. 용서가 강요되지 않으려면 어떻게 기도해야 할까요? 기도 외에 필요한 것이 있다면 무엇일까요?

2 ___ 낙원에 이르리라

**예수께서 이르시되 내가 진실로 네게 이르노니
오늘 네가 나와 함께 낙원에 있으리라 하시니라**

_눅 23:43

‖ 낭독 ‖   "예수께서 이르시되 내가 진실로 네게 이르노니 오늘 네가 나와 함께 낙원에 있으리라 하시니라"(눅 23:43).

‖ 필사 ‖

예수님의 두 번째 말씀은 낙원에 대한 약속입니다. 첫 말씀이 용서였는데, 왜 용서가 먼저고 그다음이 낙원일까요? 주님이 약속하신 낙원에 이르기 전, 그 약속이 나의 약속이 되고 나의 현실이 되기 위해서는 용서라는 걸림돌을 넘어야 합니다. 용서를 통해서 낙원에 이르기 때문입니다. 용서하지 않고서는 낙원을 살지 못합니다. 용서가 낙원으로 들어가는 관문이고, 용서 자체가 낙원입니다.

용서하지 않는 이의 마음은 지옥과 다를 바 없습니다. 우리가 그토록 미워하는 원수가 마음의 왕좌를 차지하기 때문입니다. 바로 그가 내 영혼과 내면의 주인이 됩니다. 내 마음의 묵상 대부분은 하나님에게 바쳐지기보다 원수를 향합니다. 분노하는 대상을 주야로 묵상하고 있으니, 그의 마음의 중심과 공간을 완전히 장악하고 있는 것은 원수입니다. 그러니 용서가 없는 곳은 지옥입니다.

주님은 십자가 위에서 당신을 조롱한 한 강도를 용서하십니다.

마가복음은 그를 강도라고 기록했지만, 누가복음은 행악자, 곧 '죄인'이라고 말합니다. '강도'는 정치적 혁명가일 공산이 크지만, 누가복음에서 그는 범법자요, 그냥 나쁜 놈입니다. 자신이 저지른 악행으로 인해 정당한 벌을 받는 사람들이 악인에 의해 무고하게 고통받는 예수 그리스도를 비방하고 조롱합니다(마 15:31).

자기가 한 짓은 자기가 안다고 합니다. 그런데 이들은 십자가에서의 주님의 첫 간구처럼 자기가 한 일을 모르고 있습니다. 마치 똥 싼 놈이 방귀 뀐 놈에게 성내는 격입니다. 사악한 범죄자가 거룩하신 하나님을 농락하고 있습니다. 불의한 가해자가 무고한 피해자를 조롱하는 것입니다. 어처구니가 없습니다.

그런데 마태복음에는 두 명의 강도가 예수를 조롱했다고 되어 있지만(마 27:44), 누가복음은 한 명만 희롱한 것으로 기록합니다(눅 23:39-41). 이 두 가지를 모두 만족시키는 견해는, 처음에는 같이 비난전에 가세했다가 무엇인가를 보고 한 사람의 마음이 바뀌었다는 것입니다. 그렇다면 회개한 강도는 무엇을 보고, 무엇을 들었을까요? 왜 돌연 태도를 바꾼 것일까요?

여기서 우리는 다시 한 번 첫 번째 말씀으로 돌아가야 합니다. 당신을 십자가에 못 박는 사람을 용서해 달라는 청원을 드리는 바로 그 말씀으로 말입니다. 분노해야 마땅하지 않을까요? 길길이 날뛰며 억울함을 호소해야 하지 않을까요? 자신을 이리 만든 못된 인간들에게 저주를 퍼붓거나 그들 탓을 해야 할 텐데, 이 사람 예수는 다릅니다. 범법자인 나도 그러하거늘, 저는 누구관대 가장 아름다운 말, 가해자를 용서한다는 말을 한단 말입니까.

첫 말씀을 기록한 이보다도 생생하게 그의 귀에 들렸습니다. 십자가형이 가하는 끔찍한 고통에 몸부림치며 정신을 잃을 지경인데, 그 모든 것을 아주 잠깐이라도 잊게 만드는, 그야말로 청천벽력(青天霹靂)이었습니다. 그 말은 천천히 그러나 또박또박 들립니다.

"나는 너를 용서한다."

그 강도가 민족 해방이라는 정당하고도 정의로운 대의명분(大義名分)을 위해 폭력과 살인을 불사했든지, 자기 이익을 위해 타인의 재물과 신체에 위해를 가하며 살았든지, 그것도 아니라면 어릴 적 부모 탓, 환경 탓, 사회 탓을 하며 극악한 방식으로 해결하고 해소하려고 했든지, 그의 내면 깊숙한 곳에 자리한 죄책감과 부끄러움이 일렁거렸습니다. 자기 때문에 죄 없이 죽어 가던 사람들의 슬픈 눈동자가 아른거렸습니다. 자신이 죄인이었음을 그제야 깨달은 것입니다. '나는 내 죄로 벌을 받는구나'(눅 23:41).

정의로운 일에 자신의 영혼을 던졌든, 사욕을 챙기는 일에 전념했든, 마음은 지옥이었습니다. 정의는 손에서 점점 멀어지고, 욕심은 더 자라기만 합니다. 그 헛헛함과 허망함에 더욱더 폭력과 강도질을 일삼았지만, 그럴수록 나락에 빠져들었습니다. 이제는 용서하고, 용서받고, 낙원에 들고 싶습니다. 저분이 말한 새 세상, 하나님 나라에 가고 싶습니다. 그리하여 외칩니다. "예수님, 당신의 나라에 들어가실 때, 나를 기억해 주십시오."

‖ 묵상 ‖

‖ 기도 ‖ 주님, 참 평화는 오직 당신만 주실 수 있습니다. 헛된 꿈
에 마음을 쓰던 저를 붙잡아 주십시오. 목마른 사슴이
시냇물을 찾아 헤매듯 오직 주님만 원합니다. 용서를 통
해 무거운 마음의 짐을 내려놓고 당신의 품안에서 참 평
화와 안식을 누리게 해 주십시오. 예수님의 이름으로 기
도합니다. 아멘.

‖ 실천 ‖

‖ 낭독 ‖ "예수께서 이르시되 내가 진실로 네게 이르노니 오늘 네
가 나와 함께 낙원에 있으리라 하시니라"(눅 23:43).

‖ 필사 ‖ ....

....

"저 푸른 초원 위에 그림 같은 집을 짓고 사랑하는 우리 님과 한 백
년 살고 싶어"(《님과 함께》 고향 작사, 남국인 작곡).

 아마 모든 사람이 꿈꾸는 삶일 것입니다. 목가적인 정원과 예쁜
집, 내가 좋아하고 나를 좋아하는 이들과 함께 오붓하게 지내는 것,
이보다 낭만적일 수 없습니다. 아마 그런 곳이 있다면, 그런 삶이
가능하다면 천국일 것입니다. 더 바랄 것도 없습니다.

 그렇지만 우리 현실은 정반대입니다. 삶의 공간은 갈수록 주변
부로 밀려나고 있습니다. 황당한 것은, 내가 좋아하는 사람은 이러
저러한 일로 일찍 먼 곳으로 떠나고, 내가 원하지 않는 사람만 붙박
이장처럼, 껌딱지처럼 내 곁에 꼭 붙어 있습니다. 특히 가족이나 교
회, 직장에서의 관계일 경우에는 도무지 피할 수 없는 사이라는 것
이 문제입니다.

 놀랍게도 주님은 원수들 가운데서 사셨습니다. 하늘 아버지와

성령님과의 아름다운 사랑의 관계와 사귐, 공동체를 마다하고 이 땅에 오신 그분의 생애 내내 주변에 득시글거린 것은 호시탐탐 (虎視眈眈) 함정에 빠뜨리고 죽이려 했던 원수들이었고, 당신의 맘을 알아주기는커녕 청개구리마냥 정반대로 행동하는 답답한 제자들뿐이었습니다. 후에는 제자들마저 외면하고 부인하고 배신했습니다.

그 절정이자 정점이 십자가입니다. 아니, 십자가에서의 죽음마저도 강도들 한가운데 끼어 있습니다. 예수님과 비교할 것도 없이 평범한 사람과 견주어도 훨씬 악한 죄수들이 예수님을 비방하는 일을 열심히 합니다. 죄 없는 자가 아닌 죄 있는 자, 죄 많은 자들이 묵직한 돌을 들어 던지는 격입니다. 저들의 조롱에 예수님의 심정은 어떠셨을까요? 격분하셨을까요? 아니면 으레 그러려니, 체념하셨을까요?

어찌 되었건 우리와 다른 분이 우리와 같은 삶을 사셨던 것은 확실합니다. 원수들 사이에서 사셨던 주님은 강도들 사이에서 죽음을 맞이하십니다. 그것이 그분의 운명이고 일생이었습니다. '나만 이렇게 사는 것이 아니구나, 주님도 그러셨구나, 더하면 더했지 절대 덜하지 않은 삶을 살아 내셨구나' 하는 놀람과 탄식 그리고 진실을 깨닫고 마침내 위로를 받습니다.

원수들 한가운데서 살면서 히틀러와 같은 강도들 틈바구니에서 결국 총살형을 당한 위대한 신학자, 디트리히 본회퍼(Dietrich Bonhoeffer)는 말합니다. "예수 그리스도는 원수들 한복판에서 사셨습니다. … 그러므로 그리스도인이라면 수도원적 은둔 생활이 아니라, 원수들 속에서 살아가는 것이 마땅합니다. 그리스도인이 감당해야 할 일과 사명이 바로 그곳에 있는 까닭입니다."

참으로 모진 말이 아닐 수 없습니다. 저 원수들과 계속 살라니요. 그것이 우리의 사명이라니요. 피할 수 없는 숙명이라니요. 그들은 하나님을 사랑하는 길의 방해 거리요, 장해물이 아니었던가요? 그들이 없었다면 경천애인(敬天愛人)의 삶이 훨씬 수월했을 것입니다.

하지만 그런다고 진실은 바뀌지 않습니다. 원수의 얼굴을 통하지 않고는 하나님의 얼굴을 보지 못합니다. 원수의 얼굴은 다름 아닌 내 얼굴이며, 원수의 얼굴 속에서 우리는 하나님의 환한 얼굴을 볼 수 있습니다. 그럴 때 나는 그분을 닮은 얼굴이 됩니다.

그렇습니다. 저 푸른 초원 위가 아니라 십자가 위에서, 사랑하는 임이 아니라 지긋지긋한 원수들과 함께 사는 것이 우리네 인생입니다. 주님도 피할 수 없었고, 피하지 않으셨던 그 길이 우리가 가야 할 길이기도 합니다. 다만 주님과 우리가 다른 점은 그날, 그때, 그 자리에 주님이 홀로 계셨다면, 우리는 주님과 함께 원수들 사이에 있다는 것입니다.

낙원은 원수가 없는 곳이 아닙니다. 원수와 함께 살면서도 선한 목자이신 주님의 돌봄 가운데 '푸른 풀밭, 쉴 만한 물가'로 받아들이는 소극적 측면과 원수와 함께 살아가는 그곳을 낙원으로 적극적으로 만들어 가는 것이 십자가의 길입니다. 다른 곳에서 낙원을 찾거나 꿈꾸지 마십시오. 내가 있는 자리가 십자가 위이고, 내가 있는 자리가 낙원입니다.

‖ 묵상 ‖

‖ 기도 ‖ 넘치도록 부어 주시는 놀라운 사랑이 저를 변화시킵니다. 옛것은 지나갔으니, 새것이 되었습니다. 원수들 사이에서 한없이 괴로워만 하던 제가 예수님의 마음을 가지고 낙원을 이루는 당신의 자랑스러운 자녀로 변해 가고 있습니다. 오늘도 한없는 은혜를 감사합니다. 주 안에서 성장하고 변화하는 저를 긍휼히 받아 주십시오. 예수님의 이름으로 기도합니다. 아멘.

‖ 실천 ‖

‖ 낭독 ‖   "예수께서 이르시되 내가 진실로 네게 이르노니 오늘 네
가 나와 함께 낙원에 있으리라 하시니라"(눅 23:43).

‖ 필사 ‖

인간은 기억하는 존재임을 여실히 보여 주는 영화가 있습니다. 〈블레
이드 러너〉(Blade Runner)와 〈코코〉(Coco)입니다. 인간과 기계의 차이가
무엇일까요? 더욱이 인간과 인조인간을 어떻게 구별할 수 있을까
요? 〈블레이드 러너〉는 양자, 곧 인간과 복제 인간을 '기억'으로 구분
합니다. 인위적으로 주입한 기억은 빈 구멍이 숭숭 뚫려 있기 마련입
니다. 그리고 〈코코〉의 주제가인 멕시코풍의 애잔하고도 애절한 노
래 〈리멤버 미〉(Remember me)는 한 사람의 이름과 그의 생애가 사랑하는
이들로부터 잊힐 때 그는 영원히 사라진다는 이야기를 들려줍니다.

　기독교는 기억의 종교입니다. 예배를 보면 알 수 있습니다. 구약 예
배의 핵심은 끊임없이 출애굽의 하나님을 상기시키는 것이었습니다.
신약 예배는 어떻습니까? 십자가에 달려 죽고 부활하신 예수 그리스
도를 매 주일 기념합니다. 이집트에서 노예로 살던 이스라엘을 자유
인으로 구출하신 하나님, 죄의 노예로 사는 모든 사람을 구원해서 자

유를 주신 예수 그리스도께 감사하며 그분을 노래하고 기뻐합니다.

헨리 나우웬(Henri Nouwen)은 "성경이 요구하는 많은 것들이 '기억한다'는 이 한마디 말에 포함될 수 있다"라는 아브라함 헤셸(Abraham Joshua Heschel)의 말을 인용하면서, 기독교는 기억하는 종교이고, 그 기억은 '과거'의 상처받은 우리 내면을 치유하고, '현재'의 위태위태한 삶을 붙잡아 주고, 아직 오지 않은, 아직 가지 않는 '미래'로 인도한다고 말합니다. 그렇습니다. 인간은 기억하고, 기억되는 존재입니다. 누군가를 기억하고 누군가에게 기억될 때, 그는 삶다운 삶을 산 것입니다.

십자가의 한 강도는 기억되고 싶지 않은 사람이었을 것입니다. 어쩌면 그의 이름만 들어도 악몽을 꿀 이들이 여럿일 것입니다. 그 자신도 그러할 것입니다. 죄악 된 과거를 잊고 싶습니다. 환원 불가능하다는 것을 잘 알면서도 할 수만 있다면 되돌리고 싶습니다. 십자가에서 풀쩍 뛰어내려 일일이 사죄하고 싶습니다. 이전과는 다른 존재로, 다른 기억으로 남고 싶습니다.

그의 바람은 이루어졌습니다. 주님의 십자가를 말하는 곳이라면 어디서도, 십자가를 지고 가는 사람은 누구라도 그를 잊지 않고 기억합니다. 어떤 죄인도 용서받을 수 있으며, 주님과 함께 낙원을 누린다는 것을 말입니다. 그가 저지른 죄악보다도 주님의 은총이 족히 견줄 수 없을 만큼 크고 위대하며, 주님께 죄 사함을 받기에 때늦은 시간은 없으며, 언제나 바로 그 시간이 최적의 시기임을 증언합니다. 그의 마지막은 백조의 노래가 되었습니다.

용서받지 못할 죄악은 없습니다, 십자가 앞에서!

시선을 강도에게서 주님에게로 돌려야 할 때입니다. 기억의 초점은 예수님이기에 그렇습니다. 그간 그분은 철저히 침묵하셨습니다. 우유부단(優柔不斷)한 빌라도 앞에서도, 노회한 대제사장과 산헤드린 공회 앞에서도, 십자가에 못 박으라고 외치는 이성을 잃은 성난 군중을 향해서도, 엄청난 힘으로 사람을 때리는 로마 군인들에게도, 손가락질하며 모욕하고 입술을 비쭉거리며 조롱하는 무리에게도, 심지어 옆에서 같이 욕하는 강도에게도 입을 뻥긋하지 않으셨습니다. 당신이 무죄임을 절대로 변호하지 않으셨습니다.

그랬던 그분이 놀랍게도 강도의 말에 대답하십니다. "내가 진실로 네게 이르노니." 지친 표정에 스치는 희미한 웃음을 강도는 충분히 감지했을 것입니다. 잃어버린 한 명을 찾으면 온 세상을 다 구원한 듯 뛸 듯이 기뻐하며 잔치를 벌이던 분이십니다. 그 기쁨을 다 표현하지 못해 아쉬우셨을 것입니다. 당신을 찾고 구하는 자들에게 십자가 고통을 견디면서도 기꺼이 응대하십니다. 오로지 단 한 사람을 위해 말씀하십니다. "오늘 나와 함께 낙원에 있으리라."

내가 사랑하는 주님이 내게 말씀하십니다. "내가 너를 기억한다. 너의 이름을 내 심장에 새겼다. 이제 나와 함께 영영히 살자꾸나." 우리도 주님 발치 앞에 엎드려 말씀드립니다. "주님을 기억하고, 주님이 기억하실 만한 삶, 이웃을 기억하고 이웃에게 흐뭇한 웃음으로 기억되는 그런 삶을 살겠습니다."

십자가의 주님과 강도를 기억함으로 내면을 치유하고, 현재를 지탱하고, 미래로 인도받기를 바랍니다. 십자가의 양편 중 한 십자가가 비어 있습니다. 그곳이 당신의 자리입니다. 그런 당신이 머물 자리가 낙원입니다. 그곳에 이르기 위해 당신이 해야 할 단 한마디는, "주여, 나를 기억해 주소서"입니다.

‖ 묵상 ‖

‖ 기도 ‖ 저를 알고 이해하시는 주님, 당신의 사랑이 이미 이곳에 있습니다. 저도 모르고 있던 제 비어 있는 마음을 채워 주셔서 감사합니다. 앞만 보고 열심히 달려가다가 멈추어서 뒤를 돌아보니 당신이 계셨습니다. 멈출 방법을 모른 채 힘겹게 달려가는 제 이름을 불러 주셔서 반사적으로 발걸음을 멈추었습니다. 그리고 당신은 말씀하셨습니다. 제가 당신의 잃어버린 한 마리 양이었다고 말입니다. 잃어버린 양을 외면하지 않고 끝까지 찾고 부르시는 주님께 감사의 고백을 드립니다. 예수님의 이름으로 기도합니다. 아멘.

‖ 실천 ‖

‖ 낭독 ‖   "예수께서 이르시되 내가 진실로 네게 이르노니 오늘 네
가 나와 함께 낙원에 있으리라 하시니라"(눅 23:43).

‖ 필사 ‖

화려했던 과거를 지나치게 많이 말하거나 미래에 있을 일에 지나
치게 관심을 두는 것은 필시 오늘에 대한 불만이나 불안이 잠복해
있기 때문일 것입니다. 고단한 현실로부터 도망가고 싶은 것입니
다. 하지만 회피할수록 현실은 더 구겨지고 맙니다. 우리는 두 강
도 사이에서 살아야 하듯이, 이미 지나가 버린 과거와 아직 오지 않
은 미래 사이에서 살아가야 합니다.

예수의 혁명은 그저 꿈으로만, 환상으로만 현존하는 미래를 지금
여기에서 경험하게 합니다. 예수님은 하나님의 구원이 멀고 먼 미
래의 일이라 여기던 당대의 종교적 관행을 뒤흔들며 그 하나님 나라
가 우리 앞에, 우리 옆에, 우리 안에, 그러니까 우리 사이에 현존한
다고 주장하셨고, 실제로 그것을 경험하도록 해 주셨습니다.

기독교와 유대교의 차이를 거칠게 말하자면, 유대교에서는 메시
아가 아직 오지 않았고, 기독교에서는 이미 메시아가 오셨습니다.

그들의 세계관에서 종말이나 천국이 아직 오지 않은 멀고 먼 미래라면, 우리에게 종말과 천국은 이미 온 그 나라가 지금 여기에 임재해 있는 것입니다. 그 나라를 살아 보니 너무 좋습니다. 때문에 오게 될 그 나라에 들어가면 얼마나 신나고 놀라울지, 생각할수록 설렙니다.

그런 점에서 천국과 천당, 종말과 말세라는 용어를 구분할 필요가 있습니다. 천국은 이미 온 새 세상이고, 천당은 아직 오지 않았습니다. 천국은 살아서 누리는 하나님 나라라면, 천당은 죽어서 가는 곳입니다. 종말과 말세도 마찬가지입니다. 종말은 세상이 구원받는 때입니다. 그날은 이미 여기에, 우리 곁에, 우리 안에, 우리와 함께 합니다. 반면에 말세는 세상이 망하는 날입니다.

그것을 잘 보여 주는 사람이 마리아입니다. 그녀는 오빠의 부활은 믿었지만, 지금 당장에 실현될 부활은 믿지 못했습니다. 주님은 죽은 나사로를 살림으로 부활, 곧 영생의 삶이 그저 말에 그치는 것이 아니라 우리가 경험하고 살아 낼 수 있는 실재라는 것을 증명하셨습니다(요 11:25-27).

마리아처럼 십자가의 강도도 낙원을 미지의 세계이자 미래의 것으로 여겼습니다. 예수님이 왕이 되어 다스리시는 멀고 먼 미래의 어느 날, 그때 자신을 기억하고 그곳에 들어가게 해 달라고 호소합니다. 그곳에는 더 이상 눈물도 없을 것이고, 지난날처럼 타인에게 폭력을 행사하고 고통을 주는 일도 없을 것이고, 그곳에서는 지금처럼 고통 받지도 않을 것이니 말입니다.

주님은 삭개오에게 선언하십니다. "오늘 구원이 이 집에 이르렀으니"(눅 19:9). 이미 지나간 어제의 구원도 아니고, 앞으로 언제 당도할지 모르는 내일의 구원도 아닙니다. 눈으로 보고 손으로 만지며 경험할 수 있는 실체이자 실재입니다. 그런 구원이 아니라면 마리아, 삭개오, 강도 그리고 우리에게 구원과 낙원이 무슨 의미가 있겠습니까. 예수님을 만난 사람들은 먼 미래의 구원이 아닌 현재의 구원을 바랐고, 얻었습니다.

'낙원은 오늘'임을 보여 주는 이야기가 있습니다. 〈세 가지 질문〉이라는 우화이자 단편 소설에서 레프 니콜라예비치 톨스토이는, 인생에는 세 가지 중요한 질문이 있다고 합니다. '언제가 가장 중요하며, 무슨 일이 가장 중요하며, 누가 가장 중요한 사람인가.' 그러면서 그는, 가장 중요한 시간은 현재이고, 가장 중요한 일은 지금 하는 일이며, 가장 중요한 사람은 내 앞에 있는 사람이라고 말합니다. 그렇습니다. 현재(present)가 선물(present)입니다. 하나님이 우리에게 주신 선물은 다른 것이 아니라 현재요, 오늘이요, 지금입니다.

예수님으로 인해 바로 오늘이 구원의 날, 종말의 날이 되었습니다. 오늘은 누군가에게는 지루하거나 따분하고, 또 다른 이에게는 괴롭거나 지친 하루일지도 모릅니다. 하지만 오늘이 없으면 내일도 없습니다. 오늘이 어제의 하루를 완성해 나갑니다. 윤동주의 시의 한 구절처럼, 하룻밤 자면 내일이라고 하던데, 자고 일어나니 그 날은 오늘입니다. 시인은 선언합니다. "무리여, 내일은 없나니!" 내일이라고 하는 날은 결국 오늘입니다.

오늘을 충만하게 살아 내는 것, 십자가에 매달려 있는 시간을 피하지도, 욕하지도, 분 내지도 않고 그냥 묵묵히 감당하는 것 그리고 버티고 견디는 것, 그것이 오늘을 하나님의 시간으로 만드는 길입니다. 지금 여기가 아니라면 낙원을 경험할 수 없습니다. 다른 곳이 아니라 이곳이, 다른 때가 아니라 지금이 낙원입니다.

‖ 묵상 ‖

‖ 기도 ‖   하나님, 이미 임한 당신의 나라를 경험하기 원합니다. 저는 연약해서 어제의 고통과 내일의 불안감에 휩싸여 오늘의 감사를 잊고 맙니다. 과거의 상처도, 미래의 불안함도 모두 전능하신 주님 손에 맡깁니다. 넘치는 은혜 속에서 한없는 감사를 기억하며 지금 여기에 존재하는 하나님 나라를 누리게 해 주십시오. 예수님의 이름으로 기도합니다. 아멘.

‖ 실천 ‖

‖ 낭독 ‖   "예수께서 이르시되 내가 진실로 네게 이르노니 오늘 네가 나와 함께 낙원에 있으리라 하시니라"(눅 23:43).

‖ 필사 ‖ ....

대중가요에는 여느 사람들의 마음이 잘 담겨 있습니다. 외로움을 호소하는 노래가 제법 많습니다. 대표적인 것이 〈홀로 된다는 것〉(지예 작사, 하광훈 작곡)의 마지막 노랫말입니다. "이별은 두렵지 않아/ 눈물은 참을 수 있어/ 하지만 홀로 된다는 것이/ 나를 슬프게 해." 다른 어떤 것보다 타인과의 관계가 단절된 바로 그것이 가장 견디기 힘든 슬픔입니다. 그래서 우리 시대의 외침은 "여보세요, 거기 누구 없나요? 나와 함께해 줄 사람 없나요?"입니다. 외로움에 절절매는 우리는 그 빈자리를 다른 무엇으로 채우려고 발버둥 칩니다. 그러나 그 자리는 원래 있어야 할 무엇이 제자리를 잡을 때 해결될 수 있습니다.

  십자가에 달린 한 강도의 기억해 달라는 요청에 대한 주님의 대답이 약간 생뚱맞습니다. 기억하겠다고 응답하지 않으십니다. '나와 함께' 낙원에 들어갈 거라고 하십니다. 혼자가 아니라고, 혼자

감당하지 않아도 된다고 말씀하십니다. 왜냐하면 기억한다는 것은 '함께함'이기 때문입니다. 수도사 로렌스(Lawrence)는 "하나님을 자주 생각하는 것 말고 하나님과 함께 있는 방법이 무엇이겠습니까?"라고 반문합니다. 기억은 곧 임재와 동행입니다.

누가복음은 주님이 강도의 호소에 실제로 응답하셨음을 보여 주는 이야기를 기록합니다. 엠마오로 가는 두 제자와의 동행 이야기입니다. 모든 기대가 무너지고 옛 삶으로 귀환하는 그들의 여정에 주님이 동행하십니다. 그들은 절망했고, 뿔뿔이 흩어졌습니다. 각기 고립된 상태에서 더 외로웠습니다.

주님은 걷는 내내 그들의 어리석음을 질타하면서도 차근차근 성경을 풀어 주시고, 함께 밥을 드십니다. 제자들은 그제야 주님을 알아봅니다. 자신들과 함께하신 주님을 목도합니다. 주님이 아닌 줄 알았고, 주님이 없는 줄 알았던 바로 그 시간, 그 장소에 주님이 계셨습니다. 왜 그렇지 않겠습니까? 십자가에 계셨던 분입니다. 십자가의 자리에 현존하셨던 그분이 어디엔들 계시지 않겠습니까.

그러므로 주님이 함께하신다면 그곳이 낙원입니다. 주님과 함께라면 사망의 음침한 골짜기를 통과할지라도, 마른 풀과 퍼석한 모래와 거친 돌로 가득한 광야라 할지라도 그곳이 낙원입니다. 초대 교부인 암브로시우스(Ambrosius)는 "생명이란 그리스도와 함께하는 것입니다. 왜냐하면 그리스도가 계신 곳, 바로 그곳이 그분의 왕국이기 때문입니다"라고 말합니다. 주님이 계시면 빈 들이라도 낙원이지만, 주님이 계시지 않으면 궁궐이라도 지옥입니다.

강도와 동행하겠다는 말씀은 나와 함께하신다는 약속입니다. 십자가라는 한 인생의 마지막 자리까지, 밑바닥까지 같이 내려오시는 주님이라면, 내가 어떤 실패를 하고 잘못을 저지를지라도 함께하실 것입니다. 다윗의 노래처럼, 설령 부모가 나를 버리는 참담한 지경에 이를지라도 주님만은 떠나지도, 버리지도 않으십니다 (시 27:10; 히 13:5). 내 안에, 내 곁에 계십니다.

그런데 동행을 약속하시는 그분의 마음을 가만히 생각해 봅니다. 그분이 함께하신다는 말은 곧 누군가가 당신과 함께해 주기를 바라신다는 것이 아닐까요? 모든 사람에게 오해받은 한 사람, 모든 사람의 대적이 되어 지탄받는 한 사람이 있습니다. 관리와 군인, 강도들까지 비난과 조롱의 행렬에 동참합니다. 이해받기는커녕, 그분 곁에는 아무도 없습니다. 십자가의 주님은 외롭고 쓸쓸합니다.

그렇다면 강도와 함께하겠다는 말씀은 우리의 모습과 상태가 어떠할지라도 우리와 늘 동행하겠다는 약속인 동시에 주님 당신과 함께해 달라는 초대가 아닐까요? 나와 항상 함께하시는 주님 옆에 잠시 잠깐만이라도 함께할 수 없는 것일까요? 주님도 외로우십니다(눅 9:58). 주님도 누군가의 목소리와 손길이 절실하게 그리울 때가 있으십니다. 우리처럼 말입니다.

주님의 말씀은 간청이자 명령입니다. "내가 나의 원수이자 친구인 너와 함께하듯, 너도 너의 원수와 함께해 주지 않겠니?" 이것이 간청이라면, "내가 너와 함께하듯, 너도 다른 이들과 함께하라"는 것은 명령입니다. "십자가에 달린 강도가 내게는 너였듯이, 네게

강도인 자를 그리고 강도 만난 자를 기억하고 잠시 동행해 주지 않
겠니? 내 사랑하는 강도여!"

‖ 묵상 ‖

‖ 기도 ‖ 오늘 하루도 주님과 동행할 수 있음에 감사합니다. 고단
한 인생길이지만 주님과 함께여서 더 이상 외롭지 않습
니다. 어제의 기억과 내일의 희망을 안아 주시는 주님,
오늘의 괴로움을 아시는 주님, 묵묵히 살아 내는 저에게
"잘했다" 하고 칭찬해 주시는 주님이 계셔서 아무리 추
운 겨울이라도 제 마음은 늘 따뜻합니다. 고맙습니다.
사랑합니다. 예수님의 이름으로 기도합니다. 아멘.

‖ 실천 ‖

‖ 낭독 ‖   "예수께서 이르시되 내가 진실로 네게 이르노니 오늘 네
가 나와 함께 낙원에 있으리라 하시니라"(눅 23:43).

‖ 필사 ‖

....

....

이 세상을 낙원으로 만들려는 운동은 인류 역사의 시작부터라고
할 수 있습니다. 특별히 삶의 위기와 사회·경제적 불황, 정치적 혼
란과 국제 관계가 요동칠 때 과격한 혁명 운동이 활개를 칩니다. 개
인이라고 다르지 않습니다. 건강이나 재정, 관계가 어긋날 때 지금
보다는 좀 더 나은 세상을 꿈꾸게 됩니다. 지상에 천국을 세우려는
수많은 운동이 있었고, 앞으로도 생겨날 것입니다.

  이청준의 소설은 세상을 위해, 약자를 위해 천국을 만들어 주겠
다는 일체의 운동은 기실 자기 욕망의 투사일 공산이 크고, 오히려
그들이 실현하려는 세상은 낙원은커녕 악몽이요, 지옥이 될 수 있
음을 여실히 보여 줍니다. 그리하여 작가는 나환자의 천국, 나환자
를 위한 천국이 그들 나환자의 자리에서 보면 조백헌의 천국이었
다고 비판합니다. 그래서 제목을 《당신들의 천국》이라고 했던 것
입니다. 무엇이 문제일까요? 무엇이 없었던 것일까요?

그 대답을 찾기 전, 그가 말한 낙원의 정체를 보아야겠습니다. 낙원은 다른 말로 '정원'이라 합니다. 그리스도인은 '정원'이라는 말을 들으면 즉각 '에덴'을 떠올립니다. 에덴동산을 가리키는 히브리어는 헬라어로 번역된 70인역 성경에서 '파라다이스', 즉 낙원입니다(창 2:8, 13:10; 겔 31:8; 사 51:3; 고후 12:4; 계 2:7). 이는 의로운 자가 거하는 곳, 쉼을 누리는 곳입니다. 성경의 아름다운 본문 중 하나인 시편 23편이 노래하듯, 푸른 풀밭과 쉴 만한 물가에서 배불리 먹고 마시고 편안히 눕는 곳이 낙원입니다.

이 낙원을 흔히 천국과 동일시하지만, 그렇지 않습니다. 강도는 예수의 나라를 말한 반면, 주님은 낙원을 말씀하십니다. 완전한 하나님 나라가 임하기 전, 모든 육체가 그날이 오기까지 안식을 누리는 상태를 가리키는 단어가 낙원입니다. 그리고 십자가에서 고통받으신 주님이 부활하기 전까지 안식을 누리시는 시공간입니다.

십자가는 현재 우리 세상이 결코 낙원이 아님을 고발합니다. 의인을 죄인 만들어 사형시키는 뻔뻔한 세상은 낙원이 아니며, 낙원인 적이 없습니다. 약자와 빈자와 소수자를 못살게 구는 세상은 결코 낙원일 수 없습니다. 제아무리 태평천하(太平天下)를 외쳐도 거짓 선전이며 거짓 평화라고 십자가는 고발합니다. 누군가를 죽이지 않는 바로 그곳이 낙원입니다.

그렇다면 주님이 말씀하신 낙원과 세상이 말하는 낙원은 무슨 차이가 있을까요? 주님이 말씀하신 낙원이 유토피아를 향한, 이상향을 향한 꿈과 다른 점은 무엇일까요? 바로 십자가입니다. 두 가지를 확언할 수 있습니다. 하나는 십자가가 낙원이라는 것이고, 다른 하나는 십자가를 통해서만 낙원에 이를 수 있다는 것입니다. 주님이 말씀하시는 천국과 우리가 생각하는 천국의 결정적 차이는 십자가입니다.

모두들 십자가는 지려 하지 않고, 십자가로 긴 칼을 만들어 타인을 위협함으로써 자신의 안전과 안녕을 지키려고 합니다. 하지만 그럴수록 우리는 더더욱 불안에 내몰리게 됩니다. 내가 그러했듯이 언제, 어디서, 누구인지도 모를 또 다른 사람의 칼이 내 몸 깊숙이 찌르고 들어올 공산이 크기 때문입니다.

십자가가 낙원입니다. 십자가가 없는 곳에는 낙원이 없습니다. 십자가 위, 곧 나를 십자가에 못 박는 악하고 못된 동료와 이웃, 가족을 용서하는 그 자리가 낙원입니다. 그리고 십자가를 통과해야 낙원에 이르게 됩니다. 십자가를 벗어 던지고, 십자가를 지지 않고 낙원에 다다를 길은 없습니다. 고통 없이는 대가가 없고, 십자가와 죽음 없이는 부활이 없습니다.

먹을 것도, 입을 것도 모자란 세상에서는 지금보다 더 좋은 세상, 배불리 먹을 수 있고 따뜻한 곳을 내남없이 바랍니다. 가혹한 수탈도, 엄청난 세금도 없는 세계로 초대하는 예수가 좋아서 그리스도인이 되었지만, 그들이 사는 세상에서 그리스도인은 국가의 반역자 집단에 소속되는 일이고, 수천 년 동안 그들을 결속시켰던 문화와 관습에서의 이탈이었기에 모진 박해를 받습니다. 그런 그들은 죽어 가면서도 나지막하게 처연한 노래를 부릅니다. "파라다이스로 가자."

엔도 슈사쿠(Endo Shusaku)의 《침묵》의 한 부분입니다. 하나님은 그들이 십자가에 매달려 처연한 노래를 부르며 파도에 빠져 들어갈 때, 말이 없으십니다. 침묵하십니다. 어떤 이들은 무심하신 주님이 원망스럽습니다. 하지만 당신을 밟고 지나가라고, 당신의 얼굴에 기꺼이 침 뱉으라고 하신 주님은 부재도 침묵도 아닌 그들과 함께 고통 받으셨습니다. 십자가에서 함께 고통 받으신 주님이 그들을, 우리를 낙원으로 데리고 가십니다. 십자가 위에서, 십자가를 지나서 낙원으로 손잡고 가십니다.

‖ 묵상 ‖

‖ 기도 ‖ 주님, 가장 낮은 곳을 향하셨던 당신의 사랑만을 기억하며 저도 제 십자가를 지겠습니다. 꿈, 사랑, 재능, 목표 등 저에게 소중했던 모든 것을 당신 품에 모두 내려놓고 당신만을 따르겠습니다. 저에게는 주님만 필요하고, 주님이 계시는 그곳이 낙원입니다. 여호와는 나의 목자시니 내게 부족함이 없기 때문입니다. 주님과 함께 낙원에 거하길 소망합니다. 예수님의 이름으로 기도합니다. 아멘.

‖ 실천 ‖

2장
나눔과 질문

◇◇◇◇

1. 예수님과 강도의 대화로 미루어 볼 때, 낙원은 어떤 곳인가요?

2. 원수와 함께 있는 곳이 낙원이라면, 당신의 낙원은 어디인가요? 왜 그렇게 생각하나요?

3. 주님이 기억해 주신다는 것은 어떤 의미인가요? 당신은 주님을 어떻게 기억하나요?

4. 당신은 '이곳이, 지금이 낙원'이라는 말에 동의하나요? 동의하든, 동의하지 않든 그 이유는 무엇인가요?

5. 당신은 십자가 사랑이 당신 인생의 밑바닥까지 함께하고 동행해 주시는 사랑임을 믿나요?

6. '십자가를 통과해야 낙원'이라는 말이 당신에게는 어떻게 다가오나요?

3 ___ 네 어머니다

예수께서 자기의 어머니와
사랑하시는 제자가 곁에 서 있는 것을 보시고
자기 어머니께 말씀하시되
여자여 보소서 아들이니이다 하시고
또 그 제자에게 이르시되
보라 네 어머니라 하신대
그때부터 그 제자가 자기 집에 모시니라

_요 19:26-27

‖ 낭독 ‖　"예수께서 자기의 어머니와 사랑하시는 제자가 곁에 서
　　　　　있는 것을 보시고 자기 어머니께 말씀하시되 여자여 보
　　　　　소서 아들이니이다 하시고 또 그 제자에게 이르시되 보
　　　　　라 네 어머니라 하신대 그때부터 그 제자가 자기 집에
　　　　　모시니라"(요 19:26-27).

‖ 필사 ‖　...

　　　　...

　　　　...

　　　　...

십자가의 길은 용서에서 시작했습니다. 당신을 십자가에 못 박은
이들을 용서하는 신적인 아가페 사랑이 십자가입니다. 그 용서는
우리의 삶을 낙원으로 이끕니다. 강도와 같이 악한 이들을 용서하
는 바로 그곳이 낙원입니다. 자신의 죄와 악을 시인하고 용서를 호
소하는 것이 낙원에 이르는 길입니다. 바로 그 순간이 낙원이기 때
문입니다. 미움과 분노, 저주가 들끓던 마음과 관계가 회복되고 사
자 굴에 손을 넣어도 물리지 않는 기쁨의 나라, 평안과 안식, 쉼의
나라가 그 자신과 세계에 임하게 됩니다.

하지만 에덴 같은 이상적 관계와 사회가 그저 현실에 존재하지 않는 이상향일 수만은 없습니다. 십자가에 달린 자리, 십자가를 지는 것이 낙원이라면, 우리에게 십자가란 어디일까요? 용서가 일어나고 낙원이어야 할 곳은 도대체 어디란 말입니까?

주님의 세 번째 말씀은 용서가 이루어져야 하는 곳, 낙원이 되어야 할 곳을 지목합니다. 바로 가정과 교회입니다. 우리는 이 두 곳에서 하나님 나라를 경험해야 하고, 우리에게는 이 두 공동체를 낙원 공동체로 일구어야 할 사명이 있습니다. 그것이 십자가의 길입니다. 육체적으로는 가족이라는 관계에서, 영적으로는 교회라는 관계에서 용서하고 용서받는 낙원이 이루어져야 합니다.

'헬조선'이라는 말이 한국 사회에 널리 유통되고 있지만, 어쩌면 지옥 같은 현실의 최정점은 가정이고 가족이 아닐까 싶습니다. 사랑을 주고받으며 사랑을 배워야 할 그곳이 냉랭함, 무시와 비난, 미움 일색입니다. 겉으로는 안정적이고 화목해 보여도, 무엇 하나 남부러울 것 없어 보이는 가족일지라도 속 이야기를 들어 보면 그 모든 것이 연출된 연기에 지나지 않습니다. 돈이 많고 지위가 높으니 행복할 것이라는 선입견일 뿐입니다.

오죽하면 주님께서 "사람의 원수가 자기 집안 식구"(마 10:36)라고 하셨을까요? 무능하거나 군림하는 아빠의 존재는 가정을 지옥으로 만듭니다. 사랑이라는 이름으로 자녀를 학대하거나 방치하거나 가정을 버리기도 합니다. 끝도 없는 부부 싸움은 가정을 지옥으로 만드는 가장 강력한 세력입니다.

저는 비행을 저지르고 소년 재판을 받은 위기 청소년들과 오랫동안 지속적으로 책읽기와 글쓰기 모임을 갖고 있습니다. 그 아이들의 공통점은 피해자로 자랐다가 가해자가 되었다는 것입니다. 그들에게 가해자란 누구일까요? 부모요, 가족이고, 자기 자신입니다. 고작 서너 살의 아이가, 겨우 예닐곱이나 열 살 무렵의 아이가 가정 내에서 신적인 두 존재의 격렬한 불화와 헤어짐, 폭력과 가난 앞에서 무엇을 할 수 있었겠습니까. 얼굴도 기억나지 않는 어머니가 손에 쥐어 주고 간 초코파이를 보며 울던 아이는 자라서 친구와 후배를 울리고 때리고 아프게 하는 문제아가 되고 말았습니다.

이는 비단 위기 청소년만의 문제가 아닙니다. 모든 청소년, 모든 사람이 처한 어려움입니다. 어떤 것도 필요하지 않습니다. 다만 싸우지 않으면 좋겠다, 그것만 바라는 것입니다. 그냥 아빠만 있으면, 엄마만 있으면 하고 소원하는 것입니다. 행복이나 기쁨이 없는 것은 물질적 부족보다는 뒤틀린 관계가 주범입니다. 존재 자체를 인정받지 못했으니 타인의 존재를 부정하게 된 것입니다.

그렇습니다. 우리 삶의 시작과 마침은 관계입니다. 관계가 어긋나면 하는 일마다 성공 가도를 달려도 일시에 정지하거나 이탈 또는 일탈하고 맙니다. 이때 그 관계의 질을 결정하는 장소는 다름 아닌 가정입니다. 그래서 '가화만사성'(家和萬事成)인 것입니다. 관계 맺기 그리고 가정에서의 일상은 그만큼 어렵고 힘듭니다. 십자가에서 죽는 것만큼이나 말입니다. 아니, 십자가에서 죽듯이 죽지 않으면 안 되는 곳이 가정입니다. 내 관계의 중심에, 내 가족의 핵심에 십자가의 사랑과 헌신이 있는지 점검해 보십시오.

‖ 묵상 ‖

‖ 기도 ‖ 주님께서 가장 가까이에 허락하신 인간관계가 가족입니다. 그러나 저를 가장 많이 시험에 들게 하는 것도 가족입니다. 주님만 의지하게 해 주십시오. 정결하고 바른 마음을 허락해 주시고, 우리 안의 약하고 악한 마음을 불쌍히 여겨 주십시오. 상처를 회복시켜 주시고, 미움과 갈등을 해결할 수 있는 지혜를 주십시오. 더 크신 당신의 계획 속에, 부활의 능력 속에 살기를 원합니다. 예수님의 이름으로 기도합니다. 아멘.

‖ 실천 ‖

‖ 낭독 ‖　"예수께서 자기의 어머니와 사랑하시는 제자가 곁에 서 있는 것을 보시고 자기 어머니께 말씀하시되 여자여 보소서 아들이니이다 하시고 또 그 제자에게 이르시되 보라 네 어머니라 하신대 그때부터 그 제자가 자기 집에 모시니라"(요 19:26-27).

‖ 필사 ‖ ....
....
....
....

십자가라는 극한의 고통 속에서 홀로 되신 어머니의 안위를 걱정하고 돌보시는 주님의 마음을 묵상하는 우리는 한 단어로 인해 방해받습니다. 바로 '여자여'라는 호칭입니다. 유대 문화에서도, 우리 동아시아 전통에서도 감히 어머니를 그리 부르는 것은 쉽사리 용납되지 않습니다. 무례한 것입니다. 성경 주석가들이 아무리 예의 바른 말이라고 강변해도, 목이 마른 십자가라는 상황을 감안해도 불편하고 거북하기는 매한가지입니다.

이런 우리의 찜찜함은 어머니를 여자로 호칭한 것이 처음이 아니라는 점에서 더 증폭됩니다. 가나의 혼인 잔치에서도 동일하게 부르셨습니다. "여자여"(요 2:4). 명시적으로 마리아가 예수님을 '아들'이라고 호명했는지는 모르겠지만, 아마도 그렇게 불렀으리라 짐작됩니다. 그렇다면 어머니는 아들을 아들이라 부르고, 아들은 어머니를 여자라고 부르는 상황입니다.

그러나 몇 가지가 예수님이 그리 말씀하신 의도가 있다는 것을 짐작하게 만듭니다. 먼저, 이는 고대 근동 문화에서 흔치 않은 호칭입니다. 어머니를 그렇게 부르신 데는 나름의 이유가 있을 것입니다. 다음으로, 예수께서는 여자라고 했지만, 기록자인 요한은 계속해서 예수의 어머니라고 합니다. 그리고 요한복음에서 예수님은 어머니뿐 아니라 다른 여성들에 대해서도 일관되게 '여자'라고 부르십니다. 수가 성 여인(4:21)에게도, 간음하다 잡힌 여인(8:10)에게도, 빈 무덤을 찾아온 이(20:13)에게도 말입니다.

'어머니'와 '여자'라는 두 단어를 찬찬히 살펴봅시다. 예수님께서 마리아를 어머니가 아닌 여성으로 보았다는 것은 당신과의 관계 속에서 의존하고 희생할 수밖에 없는 처지인 어머니가 아니라, 당신과 별개인 독립적인 한 존재로서의 여성으로 인식하신 것이 아닐까 생각합니다. 분명 한 부부의 딸이었고, 한 남자의 아내였고, 한 아들의 어머니임에 틀림없지만, 마리아는 마리아입니다.

어머니를 떠나야 하는 아들이, 아들을 떠나보내야 하는 어머니에게 하고픈 말의 속뜻은 이런 것이 아니었을까요? "어머니, 어머니의 존재라는 위치나 다른 사람의 미래, 기대와 소망 안에서 당신의 존재 이유를 찾지 말고 어머니 자신에게서 찾으세요." 우리는 어머니라는 이름으로 얼마나 많은 희생을 하고, 아버지라는 이름으로 얼마나 많은 고충을 겪고, 아들과 딸이라는 이름으로 얼마나 많은 억압과 침묵을 강요당합니까? 사랑하기에, 가족을 지키기 위해서라는 그럴듯한 명분으로 서로의 사랑과 손해를 암묵적으로 강요하고, 자발적으로 감수합니다.

인간은 결코 홀로 살 수 없습니다. 함께 살아야 합니다. 그럼에도 인간은 스스로 사는 법 또한 배워야 합니다. 우리는 남에게 의존하되 의지하지 말아야 합니다. 나는 나로 존재하면서도 남과 같이 지내야 합니다. 홀로 시간을 견딜 줄 아는 사람은 다른 사람과 함께하는 시간 또한 즐겁게 보낼 수 있습니다. 물론 그 반대도 마찬가지입니다.

주님은 어머니에게 타인을 통해 자아를 규정하거나 그것에 얽매이지 말고 하나님 앞에서, 타인과의 관계 속에서 자신만의 고유한 빛깔을 드러내며 살라고 말씀하십니다. 내가 나로 존재하지 않으면 남에게 짐이 되고 고통만 더할 뿐입니다. 나를 잃어버리고 맙니다. 남을 위해 살았다가 노년에 후회와 배신에 몸서리를 치거나, 그제야 보상받겠다고 탐욕에 빠지는 것은 자기 자신으로 살지 않았기 때문입니다.

이름으로 불리기 이전의 당신은 남성이고, 여성이고, 관계 속의 한 개별자이자 단독자입니다. 십자가는 당신을 호명합니다. '너는 너'라고 말입니다. 가정과 교회는 자신을 애써 지우고, 이름을 잊어

버리고, 남에게 시선을 맞추다가 결국 나는 없어지고 마는 전체주의 집단이 아닙니다. 그곳은 모두가 각자로 존재하는 곳입니다. 지금 당신은 어떻게 불리고 있습니까? 지금 당신은 '나'로 살고 있습니까? 남이 되려 하지 마십시오. 남이 규정한 대로 살려 하지 마십시오. 십자가는 우리를 향해 '너는 너'라고 단호하고도 따뜻하게 말하며 우리의 등을 어루만져 줍니다.

‖ 묵상 ‖

‖ 기도 ‖   가족에게 상처받아 불쌍히 울고 있던 어린 시절의 제 곁에 함께 계셨던 하나님, 사랑합니다. "괜찮다, 다 괜찮다. 다 이해한다" 하고 안아 주신 주님 덕분에 외롭고 쓸쓸했던 시절을 지나올 수 있었습니다. 이제는 용서함으로 다시 시작하고 싶습니다. 제가 우리 가정에 주님의 은혜와 사랑을 전하는 통로가 되게 해 주십시오. 예수님의 이름으로 기도합니다. 아멘.

‖ 실천 ‖

‖ 낭독 ‖　"예수께서 자기의 어머니와 사랑하시는 제자가 곁에 서
　　　　　있는 것을 보시고 자기 어머니께 말씀하시되 여자여 보
　　　　　소서 아들이니이다 하시고 또 그 제자에게 이르시되 보
　　　　　라 네 어머니라 하신대 그때부터 그 제자가 자기 집에
　　　　　모시니라"(요 19:26-27).

‖ 필사 ‖　...

....

....

....

주님이 사랑하는 어머니를 여자라고 호명한 것은 타인과의 관계에
종속되지 않는 독립적 인격체임을 강조하기 위함이라고 했습니다.
내가 나로 존립하지 못하면 타인에게 과도한 의지를 하게 되고, 결
국 자기 자신을 잃게 되고, 불행한 관계가 지속될 것입니다. 다른
사람이 규정한 '나'에 갇히지 말고 있는 모습 그대로 당당해지라고
어머니에게 당부하신 것입니다.

　그러나 독립된 인격체로 존재하라는 말이 남들과 무관한 고립된
개인이 되라는 말은 아닙니다. 나의 자립을 타인에게 존중받음과

동시에 마땅히 타인의 다름도 존중해야 한다는 것입니다. 상대를 나처럼 만들려 들고 내가 타인처럼 되고자 한다면, 나만의 고유함을 상실하는 것은 물론 타인을 지배하려 들게 됩니다.

한 공동체, 한 가정의 행복은 지배하거나 종속되지 않을 때 가능합니다. 부모는 자녀에게 자신의 못다 이룬 꿈을 강요하고 자녀는 부모를 자신의 소망을 성취하는 수단으로 볼 때, 목회자는 자신의 이상과 욕망을 교인들을 통해 성취하려 하고 교인들은 각자가 그려 낸 교회와 목사의 이미지를 실제의 목회자와 교회가 실현해 주기를 요구할 때 갈등과 분열, 폭력이 발생하고 맙니다.

독특하게도 요한복음에서 어머니 마리아는 예수님의 공적 사역의 처음과 마지막에 등장합니다. 첫 표적이었던 가나의 혼인 잔치와 진정한 표적인 십자가에서 그녀를 봅니다. 가나에서 어머니는 아들에게 상황의 급박성을 알리며 무엇인가를 하라고 요구합니다. 의지하는 아들이고, 내 아들이 남을 돕는 멋있는 사람이 되었으면 좋겠고, 그리하여 인정과 칭찬이 자자한 사람이 되었으면 합니다.

하지만 예수님의 반응은 의외로 쌀쌀합니다. "여자여 나와 무슨 상관이 있나이까"(요 2:4). 어머니에게는 모진 말로 들립니다. 나와 당신이 무슨 상관있느냐는 못된 자식의 말로 들릴 법합니다. 그러나 이는 어머니의 기대를 예수님 당신에게 들씌우지 말라는 것입니다. 당신은 언제까지나 어머니의 아들이지만, 어머니의 기대와 요구에 부응하는 존재가 아니라는 것입니다. 우리는 부모와의 관계 속에서 존재하면서도 부모와는 별개로 자율적이고도 자립적으로 존재합니다. 부모를 떠날 때 진정한 부부(창 2:24)가 되듯 말입니다.

"마이클은 내 거예요." 아이를 잃은 엄마는 그토록 애타게 보고 싶었던 아들을 지척에 두고 만나지 못합니다. 아이가 행복하다면 무슨 짓이라도 했을 것입니다. 그 사랑의 실상이 그곳에서 만난 오빠를 통해 폭로됩니다. 아들은 그녀의 소유물이었고, 그녀는 죽은 아들의 대체물로서 다른 자녀를 사랑했습니다. "그 애는 내 거예요. 알겠어요? 내 거라구요, 내 거! 영원히, 영원히 내 거예요." 결국 그녀의 아이들은 엄마의 폭압에 반기를 들고 맙니다. 자신이 만든 지옥에서 영영 헤어나지 못하는 엄마 유령에게 천국의 오빠는 말합니다. "처음부터 자연적으로 네 것이었던 건 하나도 없단다."

C. S. 루이스(Lewis)의 《천국과 지옥의 이혼》의 한 장면입니다. 자녀 사랑이 참사랑의 출발점일 수도 있고, 저급한 사랑으로 추락하는 시발점이 될 수도 있습니다. 하나님의 것이 아닌 것은 하나도 없는데, 내 것이라고 우기면 우길수록 우리는 에덴에서, 낙원에서, 천국에서 자꾸만 멀어집니다.

십자가만큼 하나님의 성품을 여실히 보여 주는 사건이 없습니다. 십자가는 타인을 지배하지 않습니다. 우리를 종으로 삼지 않습니다. 하나님께서는 폭력을 행사해서라도 당신의 선한 뜻을 세상에 실현하실 수 있습니다. 그런데도 당신의 주권을 실행하기를 포기하셨습니다. 창조자로서 아무런 제약이나 제한이 없는 권력을 실행할 수 있음에도 스스로 포기하셨습니다. 왜 그러셨을까요? 인간을 조종하거나 통제하기를 원하지 않으셨던 것입니다.

십자가는 타인을 조종하고 지배하는 것의 포기입니다. 십자가는 지배하지 않습니다. 군림하지 않습니다. 우월성을 주장하지 않습니다. 종주먹을 내밀며 내 말에 복종하라고 다그치거나 닦달하지 않습니다.

주님은 우리를 당신의 손에 틀어쥐고 흔들지 않으십니다. 우리 마음과 삶 속에 당신의 마음대로 밀고 들어오지 않으십니다. 조용히 노크하십니다(계 3:20). 주님이 우리에게 그리하신 것처럼, 주님으로부터 받은 그대로 흘려보내면 어떨까요? 우리의 부모님께, 자녀들에게, 친구들에게 말입니다. 그곳이 바로 천국입니다.

‖ 묵상 ‖

‖ 기도 ‖ 오늘도 주님 앞에 나아갑니다. 가족과 관련해서는 늘 실수를 반복하고 맙니다. 화내지 않겠다고 다짐했건만 화를 냈고, 미워하지 않으려 노력했건만 미워하고 말았습니다. 오늘도 죄에 걸려 넘어지고 말았음을 고백합니다. 주님께로 돌아온 죄 많은 종을 불쌍히 여겨 주십시오. 그리고 제가 죄악과 싸워 이길 수 있도록 구름 기둥과 불기둥으로 지키며 힘을 주십시오. 예수님의 이름으로 기도합니다. 아멘.

‖ 실천 ‖

‖ 낭독 ‖　　“예수께서 자기의 어머니와 사랑하시는 제자가 곁에 서
　　　　　있는 것을 보시고 자기 어머니께 말씀하시되 여자여 보
　　　　　소서 아들이니이다 하시고 또 그 제자에게 이르시되 보
　　　　　라 네 어머니라 하신대 그때부터 그 제자가 자기 집에
　　　　　모시니라”(요 19:26-27).

‖ 필사 ‖　...

　　...

　　...

　　...

“누구든지 자기 친척 특히 가족을 돌보지 않으면, 그는 벌써 믿음을
저버린 사람이요, 믿지 않는 사람보다 더 나쁜 사람입니다”(딤전 5:8,
새번역). 바울 사도는 신앙이라는 이름으로 가족을 내팽개치는 것을
열심 있는 신앙이 아니라 오히려 '배신'이라는 격한 단어로 규정합니
다. 특히 이 말씀의 맥락은 가난한 과부를 그의 자녀와 가족이 책임
지고 챙기라는 것입니다. 그렇다면 주님은 뭐라고 말씀하셨을까요?
　　주님은 '고르반'으로 기억되는 이야기(막 7:11)를 통해 하나님을 충
성스럽게 섬긴다는 명분으로 가족에 대한 의무를 저버리지 말아야

한다고 말씀하신 바 있습니다. 그러나 정작 주님은 어머니와 형제들로부터 미쳤다(막 3:21)는 소리를 들으십니다. 가족은 십자가의 길을 강하게 만류합니다. 그리고 보면 십자가의 주님은 가족에 대한 당신의 의무를 다하지 않으신 것으로 보입니다. 정말 그럴까요?

'무군무부(無君無父)의 종교.' 우리나라에 복음이 전파될 때 사람들이 기독교를 비난했던 말입니다. 임금도 없고 부모도 없는 종교, 국가도, 가정도 없는 종교, 국가와 가정의 근간을 뒤흔드는 불온한 종교라는 것입니다. 아버지가 살아 계시거늘 아버지 아닌 다른 존재, 곧 하나님을 아버지라 부르고, 임금이 존재하거늘 예수님을 왕이라고, 참된 왕이라고, 다시 오실 왕이라고 찬양하고, 당시 조선의 근간이었던 유교 질서의 정점인 제사를 거부했기 때문입니다. 당대의 시선으로 보자면 불충하고 불효를 가르치는 종교였음에 틀림없습니다.

회고하건대, 나라를 지키고, 가정을 돌보고, 임금에게 충성하고, 부모에게 효도하는 방식이 달랐던 것입니다. 조상 제사를 지내는 것이 효도라는 단 하나의 정답만을 갖고 있던 그때의 기독교는 불효막심한 자들의 신앙입니다. 그러나 제사를 지내지 않고도 부모를 지극한 마음으로 돌보는 일은 가능하고, 그러해야 합니다. 부모를 부정하는 신앙이 아니라 부모를 극진히 섬기는 신앙임은 다섯 번째 계명과 주님과 바울 사도의 말로 충분할 것입니다.

주님은 '여자여'라고 부르셨지만, 요한은 그 말을 주님이 '자기의 어머니'에게 하셨다고 기록합니다. 그리고 주님은 제자에게 '네 어머니'라고 말씀하십니다. 사실 어머니가 아니라면 부탁할 필요도 없을 것입니다. 어머니를 걱정하는 아들 예수입니다.

어머니에게 미안하셨던 것일까요? 홀로 남은 어머니가 안쓰러우셨던 것일까요? 공생애 전까지 부양했던 어머니인데, 그녀의 생계와 노후를 생각하며 속앓이하시던 것이 터져 나온 것일까요? 십자가 처형이 가하는 육체적 고통에 헐떡이면서도 어머니를 염려하는 아들을 바라보는 마리아의 마음은 또 어땠을까요?

주님은 부모를 공경하라는 십계명, 가족을 돌보지 않는 것은 믿음을 저버린 행위라는 잣대를 들이대면 불효자임에 틀림없습니다. 게다가 당신을 만나러 온 어머니를 집 밖에 두고 '내 가족은 하나님의 뜻대로 행하는 자'라는 모진 말씀도 하셨습니다. 어쩌면 그날 밤, 주님은 아주 오래 밤하늘을 바라보며 밤길을 배회하지 않으셨을까 싶습니다. 어머니가 그리워서, 어머니에게 죄송해서, 어머니의 건강과 안위가 걱정돼서, 홀로 되실 어머니가 안쓰러워서 말입니다.

십자가 위의 아들 예수와 십자가 곁의 어머니 마리아가 서로를 바라봅니다. 아마 주님은 눈빛으로 '죄송합니다, 어머니'라고 말씀하셨고, 어머니 마리아는 '아니다, 아들아. 너의 길을 가는 데 방해가 되어서 미안하다. 하늘의 부름을 받아 좌우로 치우치지 않은 채 묵묵히 가는 너를 사랑했다. 네가 자랑스럽구나. 네가 내 아들이어서 고맙고, 사랑한다'라고 말하지 않았을까요?

십자가는 서로의 관계와 정체를 확인하고, 책임감을 재확인하게 해 줍니다. 소위 하나님의 일을 한다 해도 부모를 봉양하는 일은 결코 면제될 수 없으며, 그것도 하나님의 일입니다. 부모에게 드려야 할 것인데도 하나님께 드릴 거라 하면 책임이 면제되는 바리새파의 셈법과는 전혀 다릅니다. 주님에게도 결코 면제되지 않았던 의무입니다. 부모에게 순종하는 것이 하늘 아버지에게 순종하는 것이기에 그렇습니다. 부모 공경은 십계명의 두 돌판을 잇는 핵심 고리이고, 십자가를 살아 내야 할 공간입니다.

∥ 묵상 ∥

∥ 기도 ∥ 하나님, 주님의 뜻이라는 핑계로 가족에게 상처 준 일이 없었는지 돌아봅니다. 주님을 따르려다가 가족을 등한시하지는 않았는지 다시 한 번 생각해 봅니다. 주께서 맡기신 이들을 잘 돌보는 것 또한 당신께 순종하는 길이기에, 고집을 조금 내려놓고 가족에게 다가가 보려 합니다. 부족한 저 때문에 고생했을 이들에게 진심을 전할 수 있는 용기를 주십시오. 예수님의 이름으로 기도합니다. 아멘.

∥ 실천 ∥

17일 ◆ 　　　　　　　　　자기 집에 모시니라

‖ 낭독 ‖ "예수께서 자기의 어머니와 사랑하시는 제자가 곁에 서
　　　　있는 것을 보시고 자기 어머니께 말씀하시되 여자여 보
　　　　소서 아들이니이다 하시고 또 그 제자에게 이르시되 보
　　　　라 네 어머니라 하신대 그때부터 그 제자가 자기 집에
　　　　모시니라"(요 19:26-27).

‖ 필사 ‖ ....

　　　　..

　　　　..

　　　　..

지금까지는 십자가를 가족에 초점을 두고 묵상했습니다. 그러나
여기서 멈춰도 되는 것일까요? 십자가의 복음은 한편으로 기존의
가족을 폐지하지 않고 완성(마 5:17)됩니다. 땅에서 넘어진 자는 땅을
딛고 일어서야 한다고 했습니다. 깨어지고 흩어진 가정이야말로
많은 상처가 생긴 곳이자 상처가 치유되어야 할 곳입니다.
　다른 한편으로 십자가는 기존의 가족과는 완전히 다른, 새 하늘
과 새 땅(계 21:1-2)의 가족으로의 초대장입니다. 영적 가족 또는 하나
님 나라의 공동체입니다. 기존 제도의 문제점을 보완하는 정도라

면 주님이 십자가에 못 박히실 리가 없습니다. 주님은 그러기 위해 오신 것이 아닙니다.

요한복음에서 놀랍도록 많이 사용된 단어가 '아버지'입니다. 무려 136회입니다. 21장이니 한 장당 평균 6-7회씩 등장하며, 대다수가 예수님과 하나님과의 관계를 설명합니다. 예수님은 아들이고, 하나님은 아버지이십니다. "나는 참포도나무요 내 아버지는 농부라"(요 15:1). "나와 아버지는 하나이니라"(요 10:30).

부활한 주님은 마리아에게 이렇게 말씀하십니다. "너는 내 형제들에게 가서 이르되 내가 내 아버지 곧 너희 아버지, 내 하나님 곧 너희 하나님께로 올라간다 하라"(요 20:17). 여기서 형제들은 제자들을 가리킵니다. 주님과 우리는 형제, 곧 가족입니다. 주님의 아버지가 우리의 아버지이십니다. 예수님으로 말미암아 우리는 모두 하나님의 자녀요, 한 가족이 된 것입니다.

그 가족은 혈과 육으로, 자연적으로 태어나면서 맺어진 관계가 아닙니다. 예수님은 가족이 찾아왔다는 기별을 듣고 이렇게 말씀하셨습니다. "하나님의 뜻대로 행하는 자가 내 형제요 자매요 어머니이니라"(막 3:35). 따라서 이 가족은 성령으로, 십자가로, 거듭남으로 이루어진 가족입니다.

레슬리 뉴비긴(Lesslie Newbigin)은 《요한복음 강해》에서 이 본문을 해설하면서 이런 문장을 남겼습니다. "그분이 수난 당하시는 때에 새로운 가족이 시작된다. 마리아는 육적으로는 아들을 잃어버리지만, 예수님의 수난으로부터 태어난 새로운 가족이 그녀에게 주어진다. … 새로운 공동체가 탄생되었다". 십자가에서 하나님의 공동체가 생겼습니다. 그리하여 십자가의 목적은 하나님의 신앙 공동체, 십자가를 지고 따르는 무리를 만드는 일입니다.

이 가족 구성원이 되는 데는 인간적인 것, 즉 출생과 관련된 일체의 것이 작동하지 않습니다. 사람을 외모로 보지 않는 하나님께서 오로지 '예수 그리스도를 영접하는 자들에게 하나님의 자녀가 되는 특권'을 주십니다. 남녀노소, 자유인과 노예, 유대인과 이방인이 자신의 출생과 관련된 일체의 것과 상관없이 모두 한 식구가 됩니다.

그러니까 예수님을 영접하는 자는 하나님의 자녀(요 1:12)가 되고, 타인을 가족으로 영접하는 자는 하나님의 가족(요 19:27)이 됩니다. 이는 둘이 아니라 하나입니다. 하나님의 자녀가 되는 데 "혈통으로나 육정으로나 사람의 뜻"(요 1:13)이 무관하듯, 하나님의 가족으로 타인을 환대하는 것도 "혈통으로나 육정으로나 사람의 뜻"과 무관합니다.

요한과 마리아, 두 사람의 이후 생활을 상상해 봅니다. 어머니 마리아는 요한에게 아들에게 주지 못한 사랑을 주고, 받지 못한 사랑을 받았을 것입니다. 요한은 마리아를 하나님을 대하듯, 예수님께 하듯 섬겼을 것입니다. 그가 남긴 요한일서에서 "말과 혀로만 사랑하지 말고 행함과 진실함으로 하자"(요일 3:18)는 말은 하나님의 사랑에 관한 것이지만, 그의 삶에서 우러나온 말입니다. 그렇게 섬기는 과정에서 그의 거친 성품도 많이 다듬어졌을 것입니다. 그는 '우레의 아들'(막 3:17)이라 불릴 만큼 성격이 불같았습니다. 이제 새로운 영적 공동체인 교회 안에서 그는 사랑의 사도로 변모합니다.

육체의 가족에 대한 사랑을 '과거형'으로 말하지 말아야 한다면, 영적인 가족에 대한 영접은 부디 '미래형'으로 남겨 두지 않았으면 좋겠습니다. 애제자 요한은 '그때부터', 그러니까 십자가 사건 이후 주님으로부터 위임받은 바로 그 시점부터 마리아를 가족으로, 어머니로 영접하고 모셨습니다. 힘들다고, 할 수 없다고, 지금은 준비되지 않았다고 미래의 어느 시점으로 밀쳐 두지 않았습니다. 인간은 타락하고 악하므로 인간에게는 그런 환대의 능력이 부족하다고 핑계 대지 않았습니다. 그때가 지금이고, 지금이 그때입니다. 타인을 가족으로 사랑하는 일을 지금 시작하십시오.

‖ 묵상 ‖

‖ 기도 ‖ 우리 가족이 예수님을 닮기 원합니다. 우리 죄를 사하기 위해 십자가를 지신 주님, 연약한 과부와 고아를 돌보신 주님처럼, 나에게 보답할 수 없는 사람을 환대할 수 있는 마음을 허락해 주십시오. 세상 사람들은 강하고 잘난 사람들을 우러러보지만, 저와 우리 가족은 가장 낮은 곳에 있는 사람들의 모습에서 예수님의 얼굴을 볼 수 있기를 간절히 원합니다. 예수님의 이름으로 기도합니다. 아멘.

‖ 실천 ‖

3장
나눔과 질문

◇◇◇◇

1. 당신은 어떤 가정을 꿈꾸나요? 그곳이 낙원이 되려면 무엇이 필요하다고 생각하나요?

2. 혹시 당신은 '나'가 빠진 역할의 이름으로 살고 있지 않나요? 하나님 앞에 홀로 선 '나'를 찾아보세요.

3. 가족을, 특히 자녀를 있는 모습 그대로 인정하지 않고 당신의 틀에 가두려 한 적이 있나요?

4. 하나님의 일을 하면서 가족에게 상처를 주거나 받은 경험이 있나요? 상처를 준 가족이 있다면 미안한 마음을 표현해 보세요.

5. 하나님을 아버지로 모시면 누구나 가족입니다. 우리 가정을 넘어 더 큰 가족으로 받아들이고 환대해야 할 새로운 가족을 떠올려 보세요.

4 ＿ 엘리 엘리 라마 사박다니

**나의 하나님, 나의 하나님,
어찌하여 나를 버리셨나이까**

_마 27:46

‖ 낭독 ‖   "나의 하나님, 나의 하나님, 어찌하여 나를 버리셨나이까"

(마 27:46).

‖ 필사 ‖ ....

....

모든 시작은 용서입니다. 과거의 일로 발목 잡히지 않으려면 이전과는 다른 새로운 삶을 살아야 하는데, 그 용기는 용서에서 나옵니다. 그래서 주님은 우리의 죄를 용서받을 수 있다는 복되고 기쁜 소식을 그토록 즐거이, 힘 있게 선포하셨던 것입니다. 용서해야 낙원에 이릅니다.

용서를 통해 다다른 낙원은 가정과 교회입니다. 십자가가 창조하는 새로운 세상의 살아 있는 증거물이 가정과 교회입니다. 십자가로 구체화하기 전까지 우리를 사랑한다는 말은 속이 텅텅 빈말에 지나지 않습니다. 주님이 만드시려 했던 낙원은 지금 여기의 가정과 교회에서 경험하고 맛보지 않으면 안 됩니다.

주님은 새 공동체에 대한 기도에서 고통에 대한 기도로 옮아가십니다. 창세기는 낙원 같은 공동체 안에 스며든 죄와 분열의 이야기를 들려줍니다. 바꿔 말하면, 고통에 관한 말을 하지 않는 낙원은 선전 선동이며, 기실 껍데기에 불과합니다. 고통을 감추고, 억누르고, 숨기고 나온 가정과 교회는 낙원으로 위장하고 가장했다는 증거입니다. 이 땅의 공동체는 고통과 갈등이 없기에 낙원이 아니라, 고통과 갈등을 평화롭게 해결하기에 낙원입니다.

또한 관계가 고통입니다. 나랑 원수가 되는 이는 친밀했던 만큼 원수가 됩니다. 거리를 확보하고 만났던 이들, 평상시 소원했던 이들끼리는 상처를 주고받을 가능성도 적고, 상처받더라도 덜 아픕니다.

자기를 힘들게 하는 이가 평상시 자신이 미워하는 원수였다면 훨씬 더 견디기 쉬웠을 것입니다. "그런데 나를 비난하는 자가 바로 너라니! 나를 미워하는 자가 바로, 내 동료, 내 친구, 내 가까운 벗이라니!"(시 55:13, 새번역). 이런 다윗의 말에 절대 수긍하게 됩니다. 사랑하던 이들과의 관계의 어긋남은 견디기가 쉽지 않습니다. 매일 만나고 부대껴야 하는 가족 안에서는 작은 말 한마디로도 엄청난 상처를 주고받게 됩니다. 포도원을 허는 작은 여우는 관계에서 오는 고통입니다.

"사람의 원수가 자기 집안 식구리라"(마 10:36). 가족이 원수입니다. 최고의 충성과 사랑을 바쳐야 할 하나님 대신에 그 헌신과 집중을 앗아가는 것이 가족이라는 맥락에서 하신 말씀이지만, 다윗의 말처럼 가족은 내 삶의 가장 든든한 우군이요, 지지자이자 가장 고통스럽게 하는 적군이요, 방해자이기도 합니다. 그렇기에 새로운 공동체에 대한 기도에서 고통의 기도로 넘어가신 것입니다. 가족이 고통의 진원지 중 하나이기 때문입니다.

지금까지는 관계라는 맥락에서 고통을 들여다보았지만, 인간됨이라는 측면에서도 고난을 생각해 보아야 합니다. 왜냐하면, 사람으로 산다는 것은 고통당하며 산다는 것과 같기 때문입니다. 어떻게 살든 고통을 피할 수는 없습니다. 그 고통은 우리에게 말을 건넵니다. "너는 사람이다. 고통 받을 수밖에 없는 연약하고 무기력한 존재다."

그렇기에 십자가에 매달리신 주님처럼 아무것도 할 수 없는 가장 수동적인 존재가 됩니다. 고통 앞에서는 말입니다. 그러나 삶은 고통이지만, 고통이 없이는 삶도 없습니다. 고통이 없이는 성장과 성숙 또한 없습니다. 고통은 인간을 한없이 무력하게 만들지만, 바로 그 속에서 한 사람으로, 새사람으로 태어납니다. 자, 이제 십자가에 달려 고통 받으시는 하나님에게로 가 볼까요?

‖ 묵상 ‖ ....

....

‖ 기도 ‖ 고통 가운데 하나님 아버지를 향해 울부짖으셨던 예수님처럼, 삶에서 마주하는 갈등 속에서 하나님만 바라보기를 원합니다. 예수님의 이름으로 기도합니다. 아멘.

‖ 낭독 ‖　"나의 하나님, 나의 하나님, 어찌하여 나를 버리셨나이까"

(마 27:46).

‖ 필사 ‖ ....

....

하나님은 어떤 분이실까요? 가장 먼저 떠오르는 생각은 '전능' 아니
면 '사랑'일 것입니다. 천지를 말씀으로 창조하신, 못할 것이 없는
위대하신 하나님! 우리를 사랑해서 당신의 아들을 아끼지 않으시
는 사랑의 하나님! 이 둘을 분리하면 안 됩니다. 사랑하기에 전능
하고, 전능하기에 사랑하십니다. 사랑 없는 전능은 맹목이고, 전능
없는 사랑은 공허합니다.

　전능과 사랑의 이면에 잠겨 있기에 잘 보이지 않는, 저 둘이 가
능하기 위해 필수적으로 요구되는 또 하나가 있습니다. 바로 고
통입니다. 당신의 피조물이 당신에게 반역할 것을 알면서도 창조
하실 때의 아픔, 당신의 아들을 저주받은 십자가에 못 박혀 죽게
하실 때의 아픔, 그 아픔을 보지 못하면 그 신앙은 반쪽에 불과합
니다.

　물론 이렇게 반문할 수도 있습니다. "하나님이 아파하신다고요?

고통당하신다고요? 완전하고도 전지전능한 신이? 만약 그가 신이라면 고난 받으실 리 없고, 고난 받았다면 신이실 리 없습니다. 신이 아니라 신을 사칭한 것입니다. 그는 참람하기 그지없는 자일 것입니다. 신이라면 응당 전능해야 하고, 고난과는 거리가 멀어야 하지 않나요? 우리랑 똑같이 무기력하게 고통 받는다면 그게 어디 신인가요?"

이렇게 물을 수밖에 없는 것은, 지금껏 보아 온 신이나 신적인 존재들의 형상은 고통과 절대 무관했기 때문입니다. 인자한 미소가 끊이지 않거나, 눈을 부라리며 죄를 묻는 근엄한 표정이거나, 성적 행위를 연상하게 하는 관능적인 모습의 신이었으니 말입니다. 아니면 아름답고 균형 잡힌 건장한 몸매의 신의 모습이거나 말입니다.

반면, 십자가의 하나님은 고통으로 일그러진 얼굴입니다. 그분은 둘러싸인 사람들에게 조롱거리가 되셨습니다. 그들 중에는 당대의 종교 지도자들도 있었고, 정치적 권력과 군사적 무력을 가진 로마의 관료와 군인도 있었고, 그저 하루를 살아 내기도 버거운 군중 혹은 무리도 있었습니다. 만인의 일치된 반대를 받으신 분, 신의 위엄과 권위라고는 눈 씻고도 찾아볼 수 없는 이분을 어찌 하나님이라 할 수 있겠습니까.

그러나 고통 받는 하나님이 고통 받는 인간을 구원하십니다. 날마다 이유 없이 아프거나 슬프고, 때마다 돈 때문에, 건강 때문에, 사람과의 관계 때문에 죽고 싶고, 사는 게 참 허망하다는 속절없는 허탈함과 상실감을 가지고 살아가는 우리네를 구원해 주는 신이란 과연 어떤 존재일까요? 적어도 내 아픔을 아시는 분, 내 슬픔을 품어 주시는 분, 나와 함께 아파하고 슬퍼해 주시는 분이 아닐까요? 그런 사랑 없는, 고통 없는 구원이 있을까요?

마르틴 루터에게 하나님은 너무나 무섭고 엄한 분이었습니다. 의로우신 하나님 앞에 선 인간은 그저 죄인이고, 그분은 인간을 심판하고 정죄하는 이미지였습니다. 그래서 그는 무수히 고행과 고해를 거듭했지만 마음의 평안도, 죄 사함의 은총도 경험하지 못했습니다. 그런 그가 예수님이 언급하신 시편 22편을 읽다가 인식의 전환을 합니다. '아, 예수님은 고통 받는 하나님이시구나. 우리와 같이 버림받으셨구나. 그 하나님이라면 버림받은 우리 영혼을 아시겠구나.' 새로운 하나님 이해가 새로운 교회 개혁의 단초가 되었습니다.

고통 없는 무심한 신들이 그와 너의 신이 될지는 몰라도 나의 신일 리는 만무합니다. 저 하늘 위에서 초연히 굽어보는 전지전능하고 무소부재하신 하나님이 아니라 이 땅에 내려와 내 곁에서, 내 안에서, 나를 위해, 나와 함께 고통 받으시는 하나님은 그의 하나님도, 그들의 하나님도 아닙니다. 바로 나의 하나님이십니다.

‖ 묵상 ‖ ....

....

∥ 기도 ∥ 나를 위해 십자가에 못 박히는 고통을 당하신 예수님만
이 나의 참된 주님이십니다. 저도 당신만을 사랑하기
원합니다. 예수님의 이름으로 기도합니다. 아멘.

∥ 실천 ∥ ....

....

‖ 낭독 ‖ 　"나의 하나님, 나의 하나님, 어찌하여 나를 버리셨나이까"

(마 27:46).

‖ 필사 ‖ ....

....

왜 그러서야 하는지 하나님이신 분이 하나님에게 묻습니다. 당신
이 반드시 이런 식으로 죽어야 하는지를 납득시켜 달라는 것입니
다. 또한 십자가 처형이 지니는 고난의 의미를 이해시켜 달라는 요
청이자 항변입니다. 억울하고 불공평하다는 마음이 질문의 저변에
깔려 있습니다.

　사실 네 번째 말씀은 주님의 것이 아닙니다. 그 말씀은 다윗이
1천 년 전에 읊조렸던 시구입니다(시 22:1). 다윗도 하나님으로부터,
사람들로부터 버림받은 쓰라린 상처로 짐승처럼 울부짖습니다. 신
구약 성경에 가장 많이 등장하는 이름, 왕의 모델이요, 하나님 마음
에 꼭 든 사람임에도 다윗은 버림받은 외로움에 어쩔 줄 몰라 통곡
하듯 물었습니다.

　다윗은 그렇다 치고, 하나님이신 예수님이 의혹으로 가득한 이
시편을 당신의 기도로 삼으시다니, 십자가를 지신 예수님의 내면

에 의심과 회의가 꽉 차 있었다니, 언제나 믿음을 일러 주시던 분의 입에서 나온 말로는 쉽사리 믿어지지 않습니다. 하나님의 아들인 예수님도 의심하시다니 말입니다.

단언하건대, 모든 그리스도인이 의심합니다. 우리 중 누구도 의심 없이 신앙생활을 하는 이는 없습니다. 예외 없이 의심하면서 신앙하고, 신앙하면서 의심합니다. 아무에게도 말하지 않은 채 말입니다. 그것은 자신이 믿는 바를 원점에서부터 재점검하고 보수, 보완하는 작업입니다. 근본을 흔들어 더 단단한 신앙으로 세우는 것입니다. 물론 너무 흔들려 뿌리째 날아가기도 하지만 말입니다.

그렇다고 항상 의심하지는 않습니다. 이따금 회의가 들 뿐입니다. 삶에 시련이 찾아들면 질문이 많아집니다. 조심스레 물었다가 된통 혼이 나기도 하고, 질문 자체를 무시당하기도 합니다. 주님은 마음속의 의문과 회의를 표현하셨는데, 우리는 그것을 말하는 순간 믿음 없는 사람, 삐뚤어지고 비판만 일삼는 사람으로 낙인찍히고 맙니다. 예수님이라도 엄청 혼이 나셨을 것입니다.

이런 이야기가 있습니다. 한 사람이 목이 말라 손을 내밀어 고드름을 땁니다. 이를 지나가는 이가 보고 거칠게 빼앗습니다. 당황스럽고 화가 나서 따져 묻습니다. "왜 그래요?" 돌아온 대답은 "여기에는 왜란 것은 없어"입니다. 여기가 어디일까요? 어떤 곳이기에 일체의 질문을 엄격하게 금지할까요? 한 인간을, 한 민족을, 한 인종을 멸절시키려 했던 곳, 아우슈비츠입니다. 바로 그런 곳에서만 '왜'라는 질문이 금지됩니다.

십자가는 '왜'라는 의문이 장려되는 곳입니다. '왜'가 없는 아우슈비츠가 사람을 죽이는 곳이라면, '왜'를 묻는 십자가는 사람을 살리는 곳입니다.

다윗도, 예수님도, 우리도 신앙의 대상이요, 주체요, 주제인 하나님을 한 번쯤은 심하게 앓습니다. 그 모든 것은 사랑하면서도 사랑을 재차 확인하는 연인들의 심리를 닮았습니다. 사랑한다는 말을 한 번 더 듣고 싶어서 묻기도 하고, 행여나 사랑하지 않는 것은 아닐까 하는 걱정 속에서 묻기도 합니다. 전제는 사랑함과 기대와 신뢰입니다. 그러니 하나님께 묻는다고 나무라지 마십시오. 하나님을 믿기에 묻고, 하나님께 묻기에 믿는 것입니다.

예수님의 질문, 왜 당신이 버림받아야 하느냐며 하늘을 향해 날린 의문은 우리를 위한 것이기도 하지만, 우리를 향한 물음이기도 합니다. "왜 내가 너를 위해 버림받아야 하느냐?" 우리는 주님과 함께 하나님께 묻는 자이지만, 이제 우리는 하나님과 함께 주님의 질문에 답해야 하는 처지가 되었습니다. 당신은 그 대답을 알고 있습니까? 대답할 말을 준비하고 있습니까?

이제 우리는 예수님께 이 질문을 돌려 드려야 합니다. "당신은 왜 날 위해 버림받으셨나요?" 하나님께도 여쭤야 합니다. "어찌하여 나 대신 당신의 아들을 버리셨나요? 어찌하여 나 대신 당신을 버리셨나요? 주님, 왜 날 위해 죽으셨나요?"

∥ 묵상 ∥

∥ 기도 ∥ 　주님, 저는 연약하여 때로 믿음이 흔들립니다. 그러나
하나님 아버지의 굳센 오른팔에 기대어 선으로 악을 이
길 수 있습니다. 바람에 흔들려도 뿌리는 뽑히지 않는
갈대처럼 그 오른팔을 간절한 마음으로 꼭 붙잡겠습니
다. 주님의 선하고 크신 두 팔에 감싸여 고백합니다. 당
신만이 주님이십니다. 죽기까지 따르겠습니다. 예수님
의 이름으로 기도합니다. 아멘.

∥ 실천 ∥

‖ 낭독 ‖   "나의 하나님, 나의 하나님, 어찌하여 나를 버리셨나이까"

(마 27:46).

‖ 필사 ‖ ....

....

모든 고통은 수동적입니다. 그래서 고통과 관련된 단어에는 능동태가 없습니다. 고통을 받는다, 고통을 당한다고 합니다. 이처럼 자기 의지나 의사와 관련 없이 속수무책으로 난데없이 당하는 것이 고통입니다. 우리가 우리의 인생 계획을 완벽하게 짜는 것이 가능하다면 확언컨대 그 누구도 고통을 자신의 인생 계획표에 넣지 않을 것입니다.

고통은 '나의' 고통이기도 합니다. 하나님이 그냥 하나님이 아니라 '나의' 하나님이시듯이, 고통은 그냥 고통이 아니라 바로 '나의' 고통입니다. 고통이 문제가 되는 것은 이것이 다른 누군가의 고통이 아니라 '나의' 고통이기 때문입니다. 인간에게는 원초적으로 타인의 고통에 연민을 느끼는 감정이 살아 있지만, 타인의 고통이 문제가 되는 것은 '나의' 고통이 있었기에 그의 고통이 나의 고통으로 다가오는 것입니다.

지금 주님은 버림받은 가련한 짐승마냥 울부짖으십니다. "왜 나입니까?" 하늘 아빠에게는 세상을 구원할 수다한 방도가 있을 텐데, 나 말고 다른 누군가를 통해서 구원할 수도 있을 텐데, 나 대신 '그'나 '너'가 십자가를 질 수도 있을 텐데, 겟세마네 동산에서 피땀 흘리며 기도하신 대로 십자가가 아닌 다른 방식으로 하실 수 있으면 좋으련만, 하나님은 예수님을 지목하셨고, 모두에게 버림받는 십자가를 선택하셨습니다.

주님은 "왜 나입니까?"라고 항변하실 만합니다. 모든 것을 차치하고라도 아들이기에 그렇습니다. 어느 부모가 남의 자식 구원하겠다고 자기 자식을 저 모진 죽음의 자리로 내몬단 말입니까? 설사 사람이야 그럴 수 있다손 치더라도, 하나님은 그러시면 안 되는 것이 아닙니까?

요한복음에는 하나님과 예수님의 친밀한 관계를 나타내는 구절이 수두룩합니다. "나와 아버지는 하나이니라"(요 10:30). "내가 아버지에게서 나와 세상에 왔고 다시 세상을 떠나 아버지께로 가노라"(요 16:28). "아버지께서 나를 아시고 내가 아버지를 아는 것 같으니"(요 10:15). "내 것은 다 아버지의 것이요 아버지의 것은 내 것이온데"(요 17:10). "아버지께서 내게 하라고 주신 일을 내가 이루어 아버지를 이 세상에서 영화롭게 하였사오니"(요 17:4). 아름답다는 말 외에 적절한 단어를 찾기 어려울 정도로 이상적인 관계입니다. 그런데 그런 하나님으로부터 버림받으신 것입니다.

"왜 하필이면 나인가?"라는 질문은 우리 각자의 것이기도 합니다. 이는 억울함과 부당함의 표현입니다. 한데 그 말에는 고난은 우연이라는 사고가 암묵적으로 깔려 있습니다. 다른 누구는 모르겠고 나만 아니면 된다는 이기주의입니다. 고통이 너무 고통스러워 별안간 내뱉는 말이어서 그리 진지하게 응대할 필요가 없습니다. 그냥 아파서 내지르는 비명입니다. 오죽하면 저리 말하겠습니까.

그러나 그 어떤 사람도 좋은 일에는 "왜 하필이면 나입니까?"라고 묻지 않습니다. 로또가 당첨되었다면, 원하는 대학과 회사에 들어갔다면, 바라던 대로 승진했다면 "왜 하필 나냐"고 묻거나 생각하지 않습니다. 기쁘고 과분하지만, 그래도 당연한 것으로 여깁니다.

골고다에서 왜 하필이면 나를 버리셨느냐고 외치는 주님은 이미 겟세마네 동산을 지나오셨습니다. 그 동산에서 하필이면 왜 당신이 십자가를 져야 하느냐고 버틴 분이지만, 십자가에서는 하나님을 신뢰하고 의지하는 시편 22편을 통해 하나님의 영광스럽지만 고통스러운 일을 위하여 다른 많고 많은 사람 중에 당신을 콕 집어 사용하신 것에 대해 순종하셨습니다.

십자가의 주님을 보면서 '하필이면 당신의 아들을 십자가에서 죽게 하면서까지 나를 구원하고 사랑하시다니'라는 감사가 절로 나옵니다. 십자가의 주님을 보면서 '하필이면 내게 이런 고통을 주시는 것입니까'에서 '하필이면 이런 고통을 통해 하나님의 일을 하고 당신의 뜻을 이루시려는 것입니까'라는 고백이 우러나옵니다. 십자가의 자리에 그도, 너도 아닌 주님이 계셨다면, 이제는 그 자리에 내가 있어야 합니다. 하필이면 '나' 말입니다.

‖ 묵상 ‖
....

....

‖ 기도 ‖ 하나님, 이제까지 살아온 모든 순간이 당연한 것이 아니
라 은혜였듯, 고난 속에서도 하나님의 뜻을 발견할 수
있으리라 믿습니다. 내가 왜 이런 고통을 받아야 하는
지, 왜 하필이면 나인지 물으며 괴로워하기보다는 세상
누구보다 외롭고 괴로우셨던 예수님의 은혜를 기억하
게 해 주십시오. 예수님의 이름으로 기도합니다. 아멘.

‖ 실천 ‖
....

....

‖ 낭독 ‖   "나의 하나님, 나의 하나님, 어찌하여 나를 버리셨나이까"

(마 27:46).

‖ 필사 ‖ ....

....

인간이 겪는 고통과 고초 중 아마도 8할은 자기 잘못과 실수 때문일 것입니다. 무고하게, 아무 까닭 없이 고난 받는 사람은 극소수요, 극히 일부에 불과합니다. 대개는 자업자득(自業自得)이요, 인과응보(因果應報)요, 심은 대로 거둡니다. 우리는 스스로를 욥이라고 자처하지만, 실상은 욥의 세 친구입니다. 우리는 예수님처럼 억울하게 십자가를 진다고 하지만, 사실은 내가 예수님을 십자가에 못 박았습니다. 죄를 지었으면 응당 벌을 받는 것이 당연합니다.

    십자가는 하나님의 분노입니다. 무엇에 대한 분노일까요? 인간의 죄입니다. 하나님은 인간의 죄를 심각하게, 진지하게 다루십니다. 죄에 대한 그분의 정직한 반응이 분노이고, 그 분노는 죄에 대한 심판으로 표출되는데, 바로 십자가는 인간의 죄를 하나님이 심판하시는 장소입니다. 십자가에서 인간은 심판받고 있습니다.

    오늘날 사람들은 인간이 죄인이라는 말을 상당히 불편해하고 꺼립니다. 인간이 성취한 눈부신 기술 문명을 보노라면, 자아를 실현하라고 말하는 현대 사회에서 다른 누구도 아닌 너 자신이 되라고 강조하는 이때 인간을 죄인이라고 말하는 것은 시대를 거스르는 말임에 틀림없습니다. 하지만 십자가는 우리를 죄인으로 고발합니다.

인간이 죄인이라는 것, 하나님의 심판을 받지 않으면 안 된다는 것을 두 가지 방향에서 말할 수 있습니다. 하나는 인간 현상에서 출발하는 것이고, 다른 하나는 하나님의 자리에서 시작하는 것입니다. 전자를 대표하는 것이 로마서이고, 후자는 십자가입니다.

바울은 로마서의 초반부인 1-3장에서 인간이 죄인임을 역설합니다. 그에 따르면, 인간은 세 부류로 구분됩니다. 비도덕적 인간(롬 1:18-32)과 도덕적 인간(롬 2:1-16) 그리고 종교적 인간(롬 2:17-3:8)입니다. 첫 번째 부류야 그렇다 치더라도 도덕적인 인간이 어찌 죄인일까요? 그것은 그 사람의 양심과 말이 근거입니다. 그가 한 말과 양심이라는 법정이 그 자신을 죄인으로 선고합니다. 종교적인 인간도 다르지 않습니다. 그는 믿는 대로 살지 않습니다. 오히려 그것들을 악용합니다.

우리 자신을 들여다보았다면, 이제는 하나님을 통해 우리가 심판받지 않으면 안 될 죄인이라는 것을 볼 차례입니다. 바로 십자가입니다. 십자가에 달리신 예수님의 가치와 존재를 무엇으로 값을 매길 수 있겠습니까? 그분과 견주어 나의 가치를 매긴다면 나는 또 얼마짜리겠습니까? 하나님의 아들이 죽지 않으면 안 될 만큼 나는 죄인 중의 죄인입니다. 하나님의 아들을 죽인 죄인의 괴수입니다. 그러니 하나님이 어찌 분노하지 않으시겠습니까.

십자가는 내가 무슨 짓을 하며 살았는지, 내가 지은 죄의 무게가 얼마인지를 가감하지 않고 보여 줍니다. 십자가는 우리가 그 자리에 매달려 죽어야 할 만큼 끔찍한 죄인이라고 고발합니다. 십자가에서 죽어야 할 사람은 예수님이 아니라 바로 '나'입니다. 그런데도 정반대로 내가 예수님을 죽이고, 내가 아니라 예수님이 죽임을 당하셨습니다. 우리는 예수님을 내다 버렸고, 예수님은 우리에게 버림을 당하셨습니다. 내 죄 때문입니다.

십자가의 예수님은 인간의 죄에 대한 하나님의 무서운 심판을 대신 받고 계십니다. 그 버림받은 예수님이 우리에게 도전장을 내미십니다. "너는 예전에 나를 십자가에 못 박고 버린 적이 있다. 너는 지금 누구를 버리고 있느냐? 또 누구를 십자가에 매달고 있느냐?"라고 그때 버림받은 예수님이 지금 나에게 물으십니다.

‖ 묵상 ‖

‖ 기도 ‖   주님, 주님을 좇아가는 줄 알았건만 알고 보니 돈과 명예와 다른 사람의 인정을 좇고 있었습니다. 그러면서 예수님을 수도 없이 못 박았습니다. 저를 불쌍히 여겨 주십시오. 예수님의 이름으로 기도합니다. 아멘.

‖ 실천 ‖

‖ 낭독 ‖   "나의 하나님, 나의 하나님, 어찌하여 나를 버리셨나이까"

(마 27:46).

‖ 필사 ‖

버림받은 자의 눈물 어린 탄식은 예수님의 것이 아니라 다윗의 시편이라고 했습니다. 주님은 그 시편의 첫 구절을 당신의 말로 소리치셨습니다. 히브리인들에게 첫 구절은 단순히 처음의 한 구절이 아니라 전체를 아우릅니다. 좋은 글은 첫 문장에 모든 것을 담고 있기에 그것이 전부라 할 수 있는 것처럼 말입니다. 그러면 시편 22편은 어떤 시이며, 그 한 구절을 암송하면서 예수님이 하고 싶으셨던 말은 무엇이었을까요?

시편 22편은 탄식으로 시작해서 끝내는 신뢰와 의지로 마칩니다. 그는 으르렁거리는 포악한 개 무리에 둘러싸인 작고 약한 사람입니다. 그는 그 개 같은 무리에 의해 벌레 취급을 당합니다(6절). 비통하게 탄식하던 시인은 마지막에 하나님께서 모든 세상을 구원하신다고 확신합니다. 구원의 대상에는 모든 세상(27절)과 장차 태어날 모든 사람(30-31절)이 포함됩니다. 어느 때나, 어느 곳에서나, 누구라도 주님을 신뢰하는 자는 구원을 받습니다.

주님은 신실하신 하나님에게 신실하십니다. 예수님은 당신에게 고통을 허락하시는 하나님, 분쇄기에 넣고 갈아 으깨듯이 당신을 마구 부숴 버리시는 모진 하나님, 십자가에 매달려 온갖 수치를 당해도 묵묵히 지켜보고만 계시는 하나님, 왜 이런 잔인한 고통을 주시느냐고 대들어도 아무 말씀이 없으신 하나님, 그런 하나님을 '나의' 하나님으로 여전히 믿고 따를 수 있느냐고 십자가의 주님은 우리에게 물으십니다.

여기서 우리는 욥을 생각합니다. 욥기 전체를 관통하는 핵심 질문이 있으니, 그것은 사탄이 하나님께 한 말입니다. "사탄이 여호와께 대답하여 이르되 욥이 어찌 까닭 없이 하나님을 경외하리이까"(욥 1:9). 하나님이 욥에게 무엇인가를 주셨기에, 욥은 하나님께 무언가 바라는 것이 있기에 그토록 순전하고 정직하게 하나님을 신뢰하는 것이 아니냐는 반문입니다.

욥은 하나님에 대한 의문과 회의 속에서도 하나님의 음성을 친히 듣기를 원했고, 오랜 인내(약 5:11)로 하나님에 대한 자신의 신실한 사랑을 입증했습니다. 욥은 혹독한 고통 속에서도 아무 까닭 없이 하나님을 신뢰했습니다. 고난을 허락하신 하나님을 그래도 신뢰하기를 그만두지 않았습니다. 그래도 말입니다.

하박국 선지자가 의인의 삶을 규정한 '믿음'(합 2:4)이란 다른 것이 아니라 신실함이고, 견뎌 냄입니다. 비가 오나, 눈이 오나, 바람이 부나 한결같음입니다. 복을 주실 때나 화를 주실 때나 하나님에 대한 마음을 잃지 않는 것입니다. 하나님이 복을 주셨기에 하나님을 믿는 것이 아닙니다. 하나님이 무엇을 주시든 믿음이 변치 않는 것입니다.

예수님의 네 번째 말씀은 예수님만이 아니라 하나님 당신의 것이고, 또한 우리의 절규입니다. 그분의 이 물음은 나의 것이고, 나를 위한 것이며, 나를 대신하는 것입니다. 그러므로 이제는 우리가 주님의 저 외침에 동참해야 합니다. 예수님처럼 묻고, 따지고, 예수님처럼 끝내 '누가 뭐래도 하나님은 나를 최고이자 최상의 길로 인도하실 것이다'라는 확신이 목전의 고통에도 흔들리지 않아야 합니다. 그리하여 기쁠 때나 슬플 때, 잘될 때나 어려울 때나 한결같이 '그래도 당신은 하나뿐인 나의 하나님'이라는 말이 우리의 고백이 되어야 할 것입니다.

‖ 묵상 ‖

‖ 기도 ‖ 다윗이 인생의 순간마다 시를 쓰고 노래하며 주님을 찬양했듯이 저도 한 편의 시와 같은 인생을 당신과 함께하고 싶습니다. 이것이 저의 기도이자 간증입니다. 보잘것없는 내 힘이 아닌 만왕의 왕 되신 예수님의 이름으로 이 세상을, 주어진 나의 인생을 한 걸음씩 살아 나가는 것, 그것이 저의 하나뿐인 참된 소망입니다. 그 어

떤 고난이 닥칠지라도 당신의 오른손만 꼭 붙잡고 고백
하겠습니다. 아버지 당신만이 내 구원자이십니다. 예
수님의 이름으로 기도합니다. 아멘.

∥ 실천 ∥

4장
나눔과 질문

◇◇◇◇

1. 관계는 고통이라는 말을 당신은 어떻게 생각하나요? 그렇게 생각하는 이유는 무엇인가요?

2. 참 인간이셨던 하나님이 당신의 고통을 외면하지 않고 함께 하고 계심을 깨달은 적이 있나요?

3. 하나님께 '왜'라고 따지고 질문한 적이 있나요? 그렇게 하고 싶었던 구체적인 일은 무엇인가요?

4. 당신이 '왜 하필이면 나인가?'라고 생각했던 때와 '나여서 다행이다'라고 생각했던 때의 차이는 무엇인가요?

5. '세상의 기준'과 '십자가의 기준' 중에서 당신은 어떤 기준이 더 편한가요? '십자가의 기준'으로 볼 때 당신은 어떤 사람인가요?

6. 당신에게 변하지 않는 것은 무엇인가요? 왜 그것은 변하지 않나요?

5 ___ 내가 목마르다

그 후에 예수께서
모든 일이 이미 이루어진 줄 아시고
성경을 응하게 하려 하사 이르시되
내가 목마르다 하시니

_요 19:28

‖ 낭독 ‖   "그 후에 예수께서 모든 일이 이미 이루어진 줄 아시고 성
경을 응하게 하려 하사 이르시되 내가 목마르다 하시니"
(요 19:28).

‖ 필사 ‖ ....

....

....

이 고통이 나에게 무슨 의미가 되나요?

죽어서 난 무엇이 되나

죽어서 난 무엇을 얻나

보여 줘요 내 죽음이 갖게 될 의미

알려 줘요 내 죽음이 갖게 될 영광

헛된 죽음 아니란 걸 보여 줘 제발

뮤지컬 〈지저스 크라이스트 슈퍼스타〉(Jesus Christ Superstar) 중 겟
세마네 동산에서 드린 기도의 한 대목입니다. 할 수만 있다면, 아
니 하실 수 있으니 이 잔을 당신에게서 거두어 달라며 땀이 피가 되
도록 기도하신 주님의 마음을 엿볼 수 있는 노래입니다. 주님은 일

점일획(一點一劃)의 의문도 없이 기계나 로봇처럼 십자가를 지지 않으셨습니다. 히브리서 말씀처럼 십자가를 짐으로 아버지께 순종하는 것을 배우셔야 했습니다(히 5:8). 그분의 고뇌는 고통의 의미에 관한 것입니다. 과연 고난은 의미가 있는 것일까요?

자고로 인간은 결핍의 존재입니다. 아름다운 목가적 세상을 노래한 시편 23편은 하나님을 목자로 삼고 사는 우리는 어떤 부족함도 없다고 합니다. 묻고 싶습니다. 정말 부족함이 없나요? 이 질문 앞에 사람들은 대부분 주저하며 부족함이 있다고 답합니다. 부족한 게 있는지를 재차 물으면 이전보다 더 큰 소리로 답합니다. "많아요. 아주 많아요."

부족함이 없다는 고백은 다윗이 그만큼 부족, 곧 결핍을 몸서리쳐지도록 처절하게 경험했기에 가능합니다. 그렇기에 인간은 결핍의 존재입니다. 그 결핍에는 육체적 주림과 질병, 경제적 가난, 사회적 관계 등이 포함되지만, 그 핵심에는 삶의 의미에 대한 갈망이 자리합니다. 살아야 할 이유와 의미가 있다면 그 모든 것을 견딜 수 있습니다.

십자가 위의 네 번째 말씀, "엘리 엘리 라마 사박다니"라는 외침이 고난의 이유에 관한 물음이라면, "내가 목마르다"는 절규는 고난의 의미에 관한 것입니다. 이유를 묻는 것은 과거를, 의미를 따지는 것은 현재를, 목적은 미래를 캐묻는 일입니다. '뒤를 돌아봄'은 원인이고, '주위를 둘러봄'은 의미이고, '앞을 내다봄'은 목적입니다. 고개를 돌려 출발했던 첫 지점을 꼼꼼히 살펴보는 일이 '성찰'하기 위함이라면, 주변을 살피는 것은 내 삶의 좌표를 '확인'하는 일이고, 고개를 들고 앞을 바라보는 것은 '실천'하기 위해서입니다.

용서에서 시작된 십자가의 말씀은 낙원을 통과하여 새로운 관계로 초대합니다. 그러나 그 관계에는 필시 고통이 내포되어 있습니다. 그리고 그 고통을 거친 자만이 고난의 의미, 삶의 의미를 깨닫게 됩니다. 헛되게 살거나 헛되게 죽지 않는다는 증거를 보여 달라고 그토록 애원했던 그 의미를 발견하면, 삶에 닥치는 어떤 어려움도 견딜 수 있습니다. 왜냐하면 의미가 우리 삶을 강력하게 추동하기 때문입니다.

"모임의 목적이 의미 있는 일이면 참여할 거예요. 그런데 돈과 연결하면 힘들 것 같습니다." 북한 이탈 주민을 위해 활동하는 한 사람을 알고 있습니다. 그런데 그가 탈북민들에게 영향력이 있는 한 여성을 남한 사람들과의 대화 모임에 참여시키고 싶어서 몇 가지 이익을 제시했나 봅니다. 돈이면 그들을 움직일 수 있다고 생각한 것입니다. 그러나 "의미 있는 일이면 참여할 거예요"라는 그녀의 한마디에 사역의 본질과 의미를 잃어버리고 돈으로 환심을 사려 했던 잘못을 반성하게 되었습니다.

그렇습니다. 결핍과 고통의 이야기는 묻습니다. "당신은 당신의 고난을 의미 있는 것으로 만들고 있습니까, 아니면 무의미한 것으로 만들고 있습니까? 당신의 삶을 의미 있게 하는 목마름은 무엇입니까?"

‖ 묵상 ‖

‖ 기도 ‖ 하나님, 때로 모든 것을 포기하고 싶을 정도로 마음이
아픕니다. 하지만 다시 한 번 일어나 꿋꿋이 살아갈 수
있는 이유는 십자가 때문입니다. 나의 죄를 사하기 위
해 십자가에 매달려 고통 받으신 주님, 제가 이 고난 속
에서 의미를 발견할 수 있도록 도와주십시오. 먼 훗날
오늘을 돌아보며 웃을 수 있기를 기도합니다. 예수님의
이름으로 기도합니다. 아멘.

‖ 실천 ‖

‖ 낭독 ‖   "그 후에 예수께서 모든 일이 이미 이루어진 줄 아시고 성
                 경을 응하게 하려 하사 이르시되 내가 목마르다 하시니"
                 (요 19:28).

‖ 필사 ‖ ....

....

....

"금강산도 식후경"이라 했습니다. 먹지 않고는 살 수 없습니다. 제아
무리 의미가 충만한 일이라도 육체적 필요가 채워지지 않으면 시작하
기가 힘들뿐더러 지속하기도 어렵습니다. 영이 비어도 배가 부르면
견딜 수 있지만, 반대로 영이 가득 차도 배가 텅 비면 버티기 어렵다는
말은 진실의 일부입니다. 먹고, 마시고, 잠을 자는 일련의 육체적 갈망
이 인간의 전부는 아니지만, 그것 없이 인간다운 삶은 없습니다.

    프랑스 혁명 당시 빵과 자유를 달라는 성난 민중의 외침은 인간
깊숙이 숨어 있는 욕망과 현실을 적나라하게 보여 줍니다. 인간은
빵이 없으면 살 수 없지만, 빵만으로도 살 수 없는 존재입니다. 자
유 없는 인간은 노예나 기계가 되고 맙니다. 양자 사이에 대한 최종
심급의 판결은 자유지만, 기실 자유도 빵이라는 기초를 전면 부정

할 수만은 없는 노릇입니다. 주님은 '배부른 돼지와 배고픈 소크라테스'라는 이분법에 갇히지 않으십니다.

그 좋은 예가 예수 그리스도입니다. 그분의 공적 생애의 시작은 광야의 유혹 사건입니다. 주님은 마귀로부터 세 가지 시험을 받으셨습니다. 그것은 그분의 내적 고민이기도 했을 것입니다. 하나님의 아들로서 이 땅에 온 구원자는 무릇 굶주린 인간을 넉넉히 먹여야 한다는 것과 타인으로부터 받는 추앙, 종내에는 모든 사람과 세상을 발 아래 굴복시키고 싶은 외부의 시험과 내적 유혹에 40일 내내 시달리셨습니다. 하지만 주지하다시피, 주님은 모든 시험을 이기셨습니다.

그중 첫 번째 시험이 먹는 문제였습니다. 먹는 것은 그만큼 중요합니다. 하지만 주님은 유혹을 거부하셨습니다. "사람이 빵으로만 살 것이 아니라"(마 4:4, 새번역). 주님은 빵 없이도 살 수 있다 하지 않으셨습니다. 그 중요성을 과소평가하지 않되, 그것만으로는 인간다운 삶을 살 수 없고, 빵 너머의 의미, 곧 사람과 빵을 창조하신 하나님의 말씀이 절대 불가결하다는 것을 말씀하셨습니다. 배고픈 자에게는 먹을 것이, 목마른 자에게는 마실 것이 의미입니다. 무릇 의미란 먹고 마시는 것에서 출발합니다.

그런데 놀라운 것은, 예수님은 이따금 흙으로 밀가루를 만들고, 돌로 빵 덩어리를 만드는 이적을 몇 번이나 연출하셨습니다. 대표적인 사례가 오병이어 사건입니다. 성전 정화 사건과 더불어 사복음서에 기록된 드문 사건입니다. 오병이어의 이적으로 먹성 좋은 장정만 무려 5천 명을 먹이셨습니다. 어느 학자는 누가복음의 예수님을 이렇게 설명합니다. "누가복음에서 예수님은 식사하러 가거나, 식사 중이거나, 식사를 끝내고 나오는 중이셨다." 빵만으로 사는 것은 삶다운 삶이 아니라며 호통을 치거나 비하하지 않으셨습니다. 주님은 충분히 먹고 마시게 하셨습니다.

우리 육체의 주림과 목마름을 채워 주신 주님도 실제로는 배가 고프고 목이 마르셨습니다. 십자가 위에서 땀과 피를 하도 흘려서 물 한 잔이 그립습니다. 게다가 많이 시장하셨습니다. 지난밤 제자들과 최후의 만찬을 나눈 이후 곡기를 거의 손대지 못하셨을 것입니다. 겟세마네 동산에서 진액을 쏟는 기도를 드리셨고, 밤새 가야바의 집과 헤롯의 궁전과 안나스의 집, 빌라도 총독의 관저를 오가며 재판을 받으셨고, 무지막지한 태형을 당한 후 십자가에 매달리셨으니 말입니다. 그래서 배가 고프고 목이 마르십니다.

수가 성 여인과의 운명적 조우에서도 그랬습니다. 해가 중천에 떠서 뜨거운 광선이 내리쬐고 배가 고파 꼬르륵 소리가 하염없이 들리는데, 밥을 구하러 간 제자들은 소식이 감감합니다. 우물가 그늘진 곳에서 축 늘어진 채로 다소곳이 기대어 하늘만 바라보시는 주님을 생각해 봅니다. 당신이 만날 여인을 위한 기도도 드리셨겠지만, 목도 마르고 배도 고픈 주님은 '빵 달라, 물 달라' 졸라대는 배를 어루만지지 않으셨을까 싶습니다. 그분은 목도 마르고, 배도 고프십니다.

저는 이런 예수님이 참 좋습니다. 우리의 허기와 갈증을 아시기 때문입니다. "하나님이어도 목이 마르는구나." 우리의 모든 것을 아시는 주님이 너무 좋습니다. "나도 사람이다. 나도 목마르다. 너도 목마르지? 배고프지?"

그런데 '생수의 강'(요 7:37-38)이요, '영원히 목마르지 않게'(요 4:13-15) 해 주시는 그분이 왜 목이 타들어 가실까요? 주님은 우리를 위해서, 우리를 대신해서 고통당하셨습니다. 우리에게 먹을거리, 마실거리를 주시는 예수님, 우리 때문에 배고프고 목마르던 예수님은 우리도 그 배고픔과 목마름에 참여하기를 원하십니다. 예수로 배부른 당신, 준비되었나요?

‖ 묵상 ‖

‖ 기도 ‖ 저를 안아 주시고 위로해 주시는 주님, 제 목소리 들리시죠? 남들은 제 외로움과 괴로움을 모르지만, 주님은 제 마음을 다 이해한다고 말씀하셨습니다. 제가 잠들었을 때 몰래 찾아와 머리를 쓰다듬어 주시는 주님, 저도 사랑합니다. 예수님의 이름으로 기도합니다. 아멘.

‖ 실천 ‖

‖ 낭독 ‖   "그 후에 예수께서 모든 일이 이미 이루어진 줄 아시고 성

경을 응하게 하려 하사 이르시되 내가 목마르다 하시니"

(요 19:28).

‖ 필사 ‖ ....

....

....

인간은 본디 육체적 만족에 그치지 않습니다. 먹어도, 먹어도 허기지고 헛헛한 것은 육의 양식으로 채울 수 없는 마음의 공간이 있기 때문입니다. 파스칼(Blaise Pascal)이 '인간은 천사이자 동물적'이라고 말한 바 있는데, 먹는 것만으로 그친다면 인간 이하의 삶일 것입니다. 사람 안에는 산해진미로 채울 수 없는 그 무엇이 있습니다. 바로 의미입니다.

그날, 그 시각의 팔레스타인은 그늘이 없다면 뜨겁기 그지없습니다. 그 시각의 예수님은 극심한 탈수 현상으로 탈진 상태입니다. 명징한 의식이 아니라 혼수에 빠져 비몽사몽이었을 것입니다. 그때 "내가 목마르다"라는 말은 뜻 없이, 생각 없이 뱉어내신 것이 아닙니다. 그분의 내면 깊숙한 곳에 차곡차곡 쌓여 있다가 분출된 것

입니다. 그분의 진심 어린 한마디였습니다.

그 진심을 밝혀 주는 것은 주님의 말에 대한 사도 요한의 해석입니다. 두 가지인데, 하나는 이미 이루어졌다는 것을 아셨다는 것이고, 다른 하나는 성경을 응하게 하려 하셨다는 것입니다. 가만 보면 둘이 아니라 하나이지만, 여기서 주목할 바는 후자, 곧 성경을 이루기 위해 목마르다고 하셨다는 것입니다. 어떤 성경이고, 어떤 말씀일까요? 왜 성경일까요?

예수님의 십자가 죽음은 성경에 이미 기록된 것입니다. 이사야 53장이 그러합니다. 무고한 자가 유죄한 자를 위해 대신 받는 고난과 죽음으로써 그들을 구원하는 길입니다. "그는 실로 우리가 받아야 할 고통을 대신 받고, 우리가 겪어야 할 슬픔을 대신 겪었다"(사 53:4, 새번역). C. S. 루이스의 《나니아 연대기》에서 죄를 지은 자는 벌을 받아야 한다는 것만 알았던 하얀 마녀가 몰랐던 태초의 비밀이 있었습니다. 아슬란이 알려 준 것인데, 세상의 구원은 죄 있는 자를 위해 죄 없는 자가 억울하게 죽어야만 이루어진다는 것입니다.

뿐만 아니라 주님의 말씀은 시편의 성취입니다. "나의 입은 옹기처럼 말라 버렸고, 나의 혀는 입천장에 붙어 있으니"(시 22:15, 새번역). 우리에게 '엘리 엘리 라마 사박다니'로 알려진 시편입니다. "배가 고파서 먹을 것을 달라고 하면 그들은 나에게 독을 타서 주고, 목이 말라 마실 것을 달라고 하면 나에게 식초를 내주었습니다"(시 69:21, 새번역). 시편 69편은 이미 성전을 향한 목마름과 열정(요 2:17)을 표현할 때 당신이 받았던 까닭 모를 비난을 해석하기 위해 인용하셨던 구절(요 15:25)이 담긴 시입니다.

목마르다는 말씀은 허투루 내뱉은 것이 아니라 성경에 쓰인 대로 이루어졌다는 것을 대내외에 선포하신 것입니다. 예수님의 십자가는 성경의 실천이자 실현입니다. 그러므로 성경을 성취하시는 주님은 희생자가 아닙니다. 십자가는 패배자의 길이 아닙니다. 유불리(有不利)를 따지지 않고 오롯이 말씀에 순종하는 길입니다.

이스라엘의 건국 시조인 사울과 위대한 왕 다윗은 하나님의 특별한 선택을 받았다는 점에서 공통점이 있습니다. 그런데도 그들은 달라도 너무 다른 삶을 살았습니다. 삶의 중심에 있어야 할 말씀의 유무가 그들의 인생을 결정했습니다. 사울은 여호와의 말씀을 버렸고, 다윗은 말씀을 주야로 묵상했습니다. 사울은 말씀을 버렸기에 광기 어린 미친 왕이 되어 버림받았고, 다윗은 말씀을 묵상했기에 시냇가에 심은 나무, 복 있는 사람이 되었습니다.

죽을까, 죽일까를 주야로 묵상하는 사람이 있었습니다. 죽도록 미운 사람과 죽도록 미운 자신이 있었습니다. 그는 가까운 사람에게 배척당했고, 무시를 받았습니다. 자존감이 한없이 낮아져 마침내 자기를 잃을 지경에 이르렀습니다. 삶과 죽음의 갈림길에 서 있던 어느날 아침에 그는 성경을 읽다가 목 놓아 울었습니다. "너는 내 사랑하는 아들이다. 내가 너를 좋아한다"(막 1:11, 새번역).

그날 그는 알았습니다. 그는 자신이 사람들에게 인정받지 못하는, 인정에 목마른 사람이 아니라 하나님께 사랑받고 그 사랑에 이미 잔

뜩 취한 자임을 깨달았습니다. 하나님은 그가 좋아서 미칠 지경이시라는 것을 온몸으로 알았습니다. 그래서 그는 살았습니다. 이전보다 더 사랑하는 사람이 되었고, 사람들이 좋아하는 이가 되었습니다.

그는 자주 이런 고백을 합니다. "말씀 묵상이 없었다면 지금의 저는 없었을 것입니다. 말씀 묵상이 있었기에 저는 살았습니다." 그는 오늘도 말씀에 목이 마릅니다. 오늘도 조용히 되뇝니다. "말씀을 읽고! 말씀을 믿고! 말씀을 살고!"

‖ 묵상 ‖

‖ 기도 ‖ 하나님, 단정하고 반듯한 자세로 고쳐 앉아 기도드립니다. 제가 할 수 있는 것은 오직 감사와 기도뿐입니다. 당신이 창조하신 이 세상에 감사하고, 어떤 고난 속에서도 당신의 뜻을 구할 수 있도록 도와주십시오. 삶이 계속되는 한 제 안의 고통도, 열정도 꺼지지 않게 해 주십시오. 주님의 뜻만 구하는 종이 되기를 원합니다. 예수님의 이름으로 기도합니다. 아멘.

‖ 실천 ‖

‖ 낭독 ‖   "그 후에 예수께서 모든 일이 이미 이루어진 줄 아시고 성
경을 응하게 하려 하사 이르시되 내가 목마르다 하시니"
(요 19:28).

‖ 필사 ‖ ....

....

....

사람이 하나님을 찾을 수 있을까요? 사람이 찾았던 하나님은 실제
로는 유사품, 대용품에 불과합니다. 실상 인간이 갈망한 신은 돈,
섹스, 권력, 성공, 명예와 같은 것들입니다. 어떤 욕망이라도 들어
주는 램프의 요정 지니일 뿐입니다. 그러니 인간이 신을 찾았다는
말은 허울일 뿐, 내가 만든 신에 다름 아닙니다. 그 진실을 아브라
함 헤셸은 간파합니다. "성경에 묘사된 인류의 역사는 다음 한마디
로 요약할 수 있겠다. 하나님이 인간을 찾으신다."

하나님을 등진 아담과 하와가 몸을 숨기고 있을 때, 그분은 친히
찾아와 물으십니다. "네가 어디에 있느냐?"(창 3:9, 새번역). 금지된 선
을 넘음으로 자신을 뽐내고 과시하고 싶었던 인간은 그날 이후로
하나님을 피해 다니면서도 하나님이 아닌 것을 하나님처럼 찾습니

다. 그것을 하나님이 계셔야 할 자리에 올려놓고 숭배합니다. 이처럼 인간은 가짜 신을 방패 삼고, 바닷물을 들이키듯 헛된 것을 쫓아다니느라 목이 마릅니다. 반대로 하나님은 인간을 찾아다니느라 목이 마르십니다.

말씀을 성취하기 위해 목이 말랐던 주님은 이제 사람을 찾기 위해 목이 마르십니다. 주님이 이 땅에 오신 이유를 다양하게 표현할 수 있는데, 그중 하나는 사람을 찾고, 사람을 사랑하기 위함입니다. 사람이 사람답게 사는 세상을 만드는 것, 바로 그것이 하나님 나라입니다. 그리고 그 나라로 가는 좁고 협착한 길이 십자가입니다.

예수님은 무던히도 사람을 찾아다니십니다. 대표적인 것이 가장 아름다운 비유의 창고인 누가복음 15장입니다. 그 이야기에서 주님은 잃어버린 한 마리 양을 살리려 들판을 헤매는 목자로, 잃어버린 돈을 찾기 위해 온 집안을 샅샅이 뒤집고 헤집는 여인으로, 잃어버린 아들을 기다리는 아버지로 변주되어 나타납니다. 때문에 당신이 이 땅에 오신 이유, 십자가를 지신 이유를 어린아이도 알아듣도록 분명하게 말씀하십니다. "인자는 잃은 것을 찾아 구원하러 왔다"(눅 19:10, 새번역).

사람을 찾기 위한 목마름이라는 것을 여실히 보여 주는 것은 그 목마름의 의미를 해석해 주는 "이루어진 줄 아시고"입니다. 이는 요한복음 13장 1절을 가리킵니다. "유월절 전에 예수께서 자기가 세상을 떠나 아버지께로 돌아가실 때가 이른 줄 아시고 세상에 있는 자기 사람들을 사랑하시되 끝까지 사랑하시니라." 여기서 '때'는 십자가에서 영광스럽게 되는 때이자 사람을 사랑하는 때입니다. 주님의 목마름은 사람을 찾는 목마름이고, 사람을 사랑하려는 목마름입니다. 그냥 사랑도 아니고 끝까지 사랑하는 사랑입니다.

목이 마른 수가 성 여인에게 물을 주신 까닭은 사랑이었습니다. 거의 죽게 된 한 신하의 아들을 말씀으로 고치신 것도 사랑 때문이었습니다. 베데스다 연못가의 중풍병자를 고치신 것도 사랑이었습니다. 배가 고픈 수천, 수만의 사람이 안쓰러워 먹을 것을 풍부하게 제공하신 것도 사랑이 아니면 설명할 길이 없습니다. 거친 풍랑이 이는 바다 위를 저벅저벅 걸어가신 것도, 나면서부터 앞을 못 보는 이의 눈을 뜨게 하신 것도, 만인의 적이 되어 돌팔매로 맞아 죽게 된 여인을 구출하신 것도, 죽은 나사로를 살리신 것도 오로지 사랑, 사랑이었습니다.

이 세상에 단 한 사람이 있다고 해도 그를 구원하기 위해서라면 십자가의 길을 걸으셨을 분이 예수님입니다. 그중 한 사람이 바로 당신입니다. 모든 인류가 아닌 달랑 한 사람이라고 해도 기꺼이 그 길을 가실 분입니다. 바로 당신을 위해서 말입니다. 그렇습니다. 주님이 목이 타들어 가도록 찾으시던 이가 바로 당신입니다. 주님이 십자가에서 애타게 부르시던 이름이 당신의 이름입니다. 주님이 찾으셨던 당신, 이제는 주님을 찾지 않겠습니까? 그리고 죽도록 사랑하신 주님, 죽기까지 당신을 사랑하신 주님께 사랑한다고 고백하지 않겠습니까?

‖ 기도 ‖ 주님은 아무도 모르게 흘리던 저의 눈물을 닦아 주셨습
니다. 사람들에게 상처받고 울다 지쳐 차갑게 얼어붙었
던 제 마음에 주님의 사랑으로 인한 봄이 와서 여기저
기에 푸른빛이 가득합니다. 햇빛을 처음 맞는 어린 새
싹처럼 하나님 안에서 새롭게 거듭나고 싶습니다. 예수
님의 이름으로 기도합니다. 아멘.

‖ 낭독 ‖   "그 후에 예수께서 모든 일이 이미 이루어진 줄 아시고 성
            경을 응하게 하려 하사 이르시되 내가 목마르다 하시니"
            (요 19:28).

‖ 필사 ‖   ....

            ....

            ....

"인생의 의미가 뭐예요?" 사랑스러운 딸의 호기심 어린 질문에 생
화학자인 아버지는 "우리 인생에 의미 따위는 없다"고 냉정하게 단
언합니다. 세상을 창조한 신도 없고, 우리네 삶을 이끌어갈 목적도
없으니 누구도 믿지 말고 홀로 서라는 통보와 함께 아빠는 일곱 살
딸에게 마치 신의 음성이 고지되듯 선언합니다. "넌 중요하지 않
아."《물고기는 존재하지 않는다》의 저자인 룰루 밀러(Lulu Miller)가
어린 시절에 아버지로부터 들은 말입니다. 인생에 의미가 없으니
살아가야 할 이유도 없고, 인간의 가치란 천지에 가득한 무수한 생
물 중의 하나에 지나지 않습니다. 인생에 의미가 없으니 인간의 존
재도 하잘것없습니다. 이 소녀의 이후의 삶은 어땠을까요?
  그런데 철저한 무신론자인 니체(Friedrich Nietzsche)는 소녀의 아버

지와 반대로 생각합니다. "왜 살아야 하는지 아는 사람은 그 어떤 상황도 견딜 수 있다." 위대한 작가 도스토엡스키(Fyodor Mikhailovich Dostoevskii)는 이렇게 말합니다. "내가 세상에서 한 가지 두려워하는 것이 있다면, 그것은 내 고통이 가치 없는 것이 되는 것이다." 기독교 문필가이며, 민중운동가인 함석헌은 삶과 고난의 유의미성을 극한의 지점으로 밀어붙이며 강조합니다. "살고 싶거든 할 일을 발견해 내어라. 고난의 역사라지만 그 역사에는 의미가 있어야 한다. 의미 없는 고난이 무엇이냐? 사실은 의미 없이는 고난조차도 없다. 죽음뿐이지."

물론 고난 받아야 할 이유가 있어서 고난이 닥치는 것은 아닐 때가 많습니다. 뜻 없이, 이유도 없이 고난을 받는 때가 있습니다. 욥처럼 말입니다. 그러나 그 고난 속에서 의미를 부여하고 찾아내는 일은 필사적으로 해내지 않으면 안 됩니다. 당장은 그 의미를 알지 못하더라도 끝까지 의미가 없다면, 고난은 헛되게 당한 것이 되고 맙니다.

룰루 밀러의 삶은 무의미한 카오스의 세계에서 그야말로 허우적댑니다. 살아도 산 것 같지 않은 나날 속에서 무엇인가 알지 못하는 갈망에 사로잡혀 수렁 속으로 빠져들어 갑니다. 간신히 버티던 어느 날, 혼돈의 세계에 질서를 부여하는 생물학자를 만나지만, 그녀는 자연은 강자가 우월하고 살아남는다는 우생학(優生學)에 함몰됩니다. 그녀의 눈으로 본 세상은 작고 보잘것없으며, 사람이나 사물은 살 가치가 없습니다.

그러나 그녀는 이 우주에 하나님의 통치가 미치지 않는 곳이 없듯이, 존재하는 모든 것은 그 자체로 아름답고 중요하다는 인식에 도달합니다. 마치 민들레와 같습니다. 누구에게는 쓸모없는 잡초지만, 누군가에게는 필요하고 귀중한 존재입니다. 그런 민들레처럼 서로서로 연결되어 있고, 서로에게 가치 있는 존재입니다. 그리하여 어른이 된 룰루 밀러는 아빠에게 할 말을 찾습니다. 인생은 의미가 있다고, 그리고 우리는 모두 중요한 존재라고 말입니다.

강제수용소에서 내적으로 더 성장했다고 말하는 빅터 프랭클 (Viktor Frankl)은 발상의 전환을 요청합니다. 우리가 삶에 의미를 묻는 것이 아니라, 반대로 삶이 우리에게 묻는다고 말입니다. "삶은 괴롭지만 그럼에도 불구하고 살아가는 의미에 대한 물음에 답하는 것"입니다. 그는 단호하게 말합니다. 고난과 설령 죽음도 인간을 무의미하게 만드는 것이 아니고 되레 의미 있게 만드는 것이라고 말입니다.

그리고 보면 우리 인생은 51퍼센트 대 49퍼센트의 대결입니다. 의미 있는 삶 vs. 의미 없는 삶=51퍼센트 vs. 49퍼센트. 어느 쪽에 51퍼센트를 걸지는 각자의 선택입니다. 그러나 1퍼센트가 나머지 99퍼센트를 결정합니다. 인생 전체를 좌우합니다. 의미로 충만한 삶을 살 것인지, 덧없는 허망한 삶을 살 것인지를 말입니다. 어느 쪽이든 인생과 존재 전부를 판돈으로 내걸고 승부를 겨뤄야 합니다. 당신은 어느 쪽에 베팅하겠습니까?

엘리야처럼 묻습니다. "당신은 언제까지 의미와 무의미 사이에서 머뭇머뭇할 것인가? 의미 있는 삶을 살고자 한다면, 당신이 중요한 존재라는 것을 알았다면 예수 그리스도의 목마름으로 의미 있는 삶을 살고, 인생이 별 의미 없다면 그대의 욕망을 따라 헛헛한 삶을 좇으라." 바라기는 우리의 대답이 여호수아의 것이기를 기대합니다. "나는 예수의 목마름으로 십자가를 지는 의미 있는 삶을 선택하겠습니다."

‖ 묵상 ‖

‖ 기도 ‖ 길고 긴 방황 끝에 마침내 주님을 만나서 제 삶은 의미를 얻었습니다. 살아야 할 이유를 찾을 수 있는 자유를 주심에 감사합니다. 그 긴 시간이 있었기에 오늘의 제가 있을 수 있었습니다. 살아 있다는 것이 이토록 행복한 까닭은 삶에 희망을 주신 예수님이 계시기 때문입니다. 예수님의 이름으로 기도합니다. 아멘.

‖ 실천 ‖

5장
나눔과 질문

◇◇◇◇

1. 삶의 고난이나 결핍으로 인한 어려움은 현재 당신의 신앙에 어떤 의미가 있나요?

2. 당신의 목마름과 배고픔을 공감하시는 주님의 위로를 경험한 적이 있다면 이야기해 보세요.

3. 당신은 말씀에 대한 갈급함이 있나요? 말씀에 대한 목마름이 사라졌다면 다시 회복하게 해 달라고 기도해 보세요.

4. 도저히 사랑할 수 없는 사람이 있나요? 아니, 용서하고 용납할 수 없는 사람이 있나요? 당신이 바로 그런 사람이었습니다. 당신을 사랑의 갈증으로 찾으신 주님께 감사하는 마음으로 고백해 보세요.

5. 당신이 생각하는 의미 있는 삶이란 무엇인가요?

6 ── 다 이루었다

예수께서 신 포도주를 받으신 후에 이르시되
다 이루었다 하시고 머리를 숙이니
영혼이 떠나가시니라

_요 19:30

‖ 낭독 ‖　"예수께서 신 포도주를 받으신 후에 이르시되 다 이루었
　　　　　다 하시고 머리를 숙이니 영혼이 떠나가시니라"(요 19:30).

‖ 필사 ‖

....

....

....

"다 이루었다"는 여섯 번째 말씀으로 성도들과 함께 묵상하고 나눔
을 한 적 있습니다. 그때 한 형제가 이렇게 말했습니다. 목적이 없
으면 아무것도 이루지 못한다고 말입니다. 그러면서 요즘 자신은
그냥 흘러가는 느낌이라고 합니다. 목적이 없으니 방향도 없고, 의
욕도 없고, 얻은 것도, 잃은 것도 없이 떠내려가는 낙엽 같다고 합
니다. 흐르는 강물이야 대지를 적시고 싹을 틔우고 열매를 맺게 하
고 세상을 풍요롭게 하지만, 자신은 뒹구는 낙엽처럼 이리저리 떠
다니기만 한다는 느낌을 지울 수 없다고 합니다.

　가상칠언의 내용을 다시 한 번 떠올려 봅시다. 억울하고 원통하
게 십자가에서 죽는 마당인데도 주님은 당신을 때리고 죽이는 자
들을 용서하십니다. 그 용서를 통해 우리는 낙원에 이르게 됩니다.
그 낙원은 가상의 세계가 아닌 공동체와 관계를 통해 경험하게 됩

니다. 십자가는 지옥 같은 세상을 뒤집어 낙원으로 만들고, 새로운 관계와 공동체를 창조합니다. 그렇지만 새롭게 창조되고 재규정된 관계라 할지라도 깨어지고 다치게 됩니다. 바로 고통입니다. 고통을 잘 통과할 때, 아니 고통을 제대로 극복하기 위해서는 성경을 응하게 하는 의미가 있어야 합니다.

예수님의 제자가 되게 하는 것, 살아도 산 것 같은 삶, 다시 태어나도 주저하지 않고 그 길을 걷겠다고 노래할 보람된 삶의 화룡점정(畵龍點睛)은 목적입니다. 주님의 "다 이루었다"라는 말씀은 당신의 목적을 성취하셨다는 것입니다. 주님은 사명을 따라 살았고, 그 사명을 완수하셨습니다. 우리가 목말라하는 모든 것, 곧 하나님에 대한 목마름, 서로에 대한 목마름, 사랑에 대한 목마름도 목적이 없다면 이기적인 것이 되고 맙니다. 그래서 목적, 곧 나아갈 지점을 분명히 해야 합니다.

목적이 주는 유익을 릭 워렌(Rick Warren)은 다섯 가지로 요약한 바 있습니다. 그에 따르면, 목적은 삶에 의미를 부여해 주고, 목적이 있기에 삶은 심플해지고, 삶은 목적에 초점을 맞추게 됩니다. 목적을 알면 삶의 동기와 의욕이 생기고, 영생을 준비할 수 있습니다. 그러므로 "가장 큰 비극은 죽음이 아니라 목적 없는 삶"입니다. 문제는 목적이 있느냐의 여부도 관건이지만, 그것보다 훨씬 중요한 것은 어떤 목적, 무슨 목적을 가지느냐입니다.

그런데 한편에서는 목적을 이루지 못해서, 반대편에서는 목적을 이루어서 문제입니다. 한 부부는 언뜻 상반된 묵상을 나누었습니다. 형제는 돈도 없고, 힘도 없고, 빽도 없고, 억울하게 당한다는 생각에 힘이 듭니다. 그러다 보니 하나님의 뜻을 이루기 위해 십자가까지 지시는 예수님이 그렇게 부러울 수 없습니다. 그는 힘없이 고난당하신 예수님처럼 하나님의 뜻을 이루는 고통이 되게 해 달라고 눈시울을 붉히며 기도합니다.

자매는 자신이 무엇인가를 이루었다고 말한 적이 언제였는가를 돌아보았습니다. 원하는 대학에 합격했을 때 해냈다고 외쳤고, 사립에서 공립학교 교사로 직장을 옮겼을 때는 세상을 다 가진 것 같았고, 아이 둘을 낳고는 여자와 아내로서 임무가 끝났다고 느꼈다고 합니다. 그런데 사실은 끝이 아니라 평생의 숙제를 받은 것이고, 여전히 무엇인가가 계속 남아 있고, 삶의 목적도 다 이룬 것이 아님을 알게 되었다고 합니다.

사실 십자가는 다 이루었다고 말할 만한 곳이 아니며, 시점도 아닙니다. 그런데도 주님은 다 이루었다고 공개적으로 선언하셨습니다. 그분에게는 어떤 목적이 있었기에, 그분은 어떻게 살았기에 최악의 장소인 십자가에서 최상의 주장을 이리 대담하게 하시는 것일까요? 이제 그분을 십자가로 이끄셨던 목적, 십자가에서 이루신 목적, 십자가에서 뻗어 나가는 새로운 목적에 관해 이야기할 차례입니다.

‖ 묵상 ‖

∥ 기도 ∥ 공허하지 않은 참된 삶은 나의 구원자 되신 예수 그리스도를 따라 사는 것입니다. 저의 옹졸한 마음이나 얄팍한 지식이 아닌 주님의 말씀을 따라 살기를 원합니다. 마침내 주님이 내려오신 세상, 그 세상을 위해 쓰임 받는 제 모습을 꿈꾸면 또 하루를 살아갈 힘이 납니다. 예수님의 이름으로 기도합니다. 아멘.

∥ 실천 ∥
....

....

‖ 낭독 ‖   "예수께서 신 포도주를 받으신 후에 이르시되 다 이루었
             다 하시고 머리를 숙이니 영혼이 떠나가시니라"(요 19:30).

‖ 필사 ‖

....

....

....

인생에는 달려갈 푯대가 있습니다. 서 있는 곳에서 다다라야 할 목
적지까지는 숱한 난관이 있습니다. 그러므로 성취 여부는, 의미 있
는 삶의 여부는 그 여정을 어떻게 통과하느냐에 달려 있습니다. 가
시밭길에 찢어지고, 돌밭에 발부리가 걸려 넘어집니다. 피할 수 없
고, 돌아갈 길도 없습니다. 각자의 삶에 목적이 있든 없든 험난한
여정을 거쳐야 한다는 사실은 변함이 없습니다. 그렇기에 삶은 문
제의 연속이고, 고통을 직면하는 일입니다.

정신과 의사 스캇 펙(Morgan Scott Peck)은 고통의 회피야말로 우리의
영적, 정신적 성숙을 가로막는 장해물이라고 말합니다. 고통 없이
성장은 없기 때문입니다. 그런데도 우리는 문젯거리를 연이어 맞
닥뜨리면서도 문제가 아예 없었던 것처럼 외면하는 정신 승리로
숨곤 합니다. 그러나 애써 피하려고 했던 것보다 훨씬 더 큰 어려움

에 빠지게 됩니다. 그는 "우리 자신과 자녀들에게 고통을 겪는 것이 필요하고, 가치가 있다는 사실과 문제들을 직접 당면해서 고통을 체험해야 할 필요가 있다"는 사실을 가르치고자 합니다. 어떻게 해야 할까요?

"목마르다"는 주님의 나지막한 음성을 사람들은 들었습니다. 그들은 신 포도주(마 27:48; 막 15:36; 눅 23:36)를 가물어 타들어 가는 논밭처럼 바싹 마른 주님의 입술에 갖다 댑니다. 주님은 십자가에 달리기 전에도 한 차례 포도주를 받으신 바 있습니다. 그것은 몰약을 탄 포도주(막 15:23), 쓸개를 탄 포도주(마 27:34)라고도 합니다. 시편의 영향인 듯합니다. "그들이 쓸개를 나의 음식물로 주며 목마를 때에는 초를 마시게 하였사오니"(시 69:21).

몰약이나 쓸개를 탄 포도주는 진통제나 마취제 효과가 있었던 듯합니다. 쓰디쓴 쓸개와 알코올이 섞여서 통증을 그나마 완화해 주었을 것입니다. 그래서 쓸개를 넣은 포도주를 받아 마시기를 거부하셨습니다. 우리의 고통을 하나도 남김없이 당신에게로 집중시켜 우리와 함께 아파하고, 우리의 죄를 다 짊어짐으로 용서하시려는 것입니다.

그럼 여섯 번째 말씀에서의 포도주는 무엇일까요? 앞서 요한이 기록한 다섯 번째 말씀은 목이 마르다는 것이었습니다. 그 말을 듣고 로마 군인들이 준 것이 신 포도주입니다. 이것은 물을 타서 희석한 값싼 포도주인데, 일반인들이 즐겨 마시던 것입니다. 그러니 진통제도 아니고 조롱의 의미도 아닌 요청에 대한 응답으로, 동정과 연민의 손길입니다. 마신 포도주가 말씀을 이루기 위함이었다면, 거부하신 포도주는 고통에 오롯이 직면하기 위함이었습니다.

고통과 죽음은 누구나 직면하지만, 부정하기 급급합니다. "나는 아니야. 내가 왜?" 그러다가 자신과 주변 사람들에게 분통을 터뜨립니다. 그리고 하나님과 협상에 들어갑니다. "살려 주시면 주님을 위해 살겠습니다." 그래도 고통이 누그러지지 않으면 체념하고 우울해합니다. 그 긴 시간을 거친 다음에야 자신이 고통 받는다는 것, 죽어야 한다는 것을 수용하게 됩니다. 이것이 잘 알려진 엘리자베스 퀴블러 로스(Elizabeth Kubler Ross)의 '죽음을 수용하는 다섯 단계'입니다. 사람마다 다른데, 이렇게 일직선으로 변하거나 중간 단계에서 끝나기도 합니다. 분명한 것은, 불편한 진실을 직면하고 받아들일 때 우리는 성숙하게 됩니다.

영혼의 성숙이라는 목적은 고통의 직면에서 시작합니다. 힘들다고, 어렵다고 미적거리며 뒤로 미루면 고통만 가중됩니다. 이루려는 것을 미루기만 하면 문제는 배가됩니다. 십자가 없이는 결코 부활이 없고, 고난 없이는 영광이 없습니다. 스캇 펙의 말처럼 힘든 일을 먼저 하고 고통을 먼저 겪은 뒤에야 참된 즐거움을 누릴 수 있습니다. 바라는 것이 있습니까? 이루려는 것이 있습니까? 십자가를 지고 가야 달려갈 푯대에 이르게 됩니다. 우리에게는 달려갈 푯대가 있습니다. 십자가가 달려갈 푯대입니다. 십자가로 성취하고 성숙하기를 바랍니다.

‖ 묵상 ‖ ....

....

‖ 기도 ‖ 하나님, 삶에 고난이 다가올 때 그것을 피하려고 애쓰기
보다는 주님의 손을 꼭 붙잡고 헤쳐 나가고 싶습니다.
고통 가운데서도 저의 진심이 원망이나 좌절보다는 사
랑과 연민으로 가득 찼으면 합니다. 그래서 언젠가 세상
의 거름이 되어 힘들어하는 이웃에게 그 사랑을 나누고
싶습니다. 예수님의 이름으로 기도합니다. 아멘.

‖ 실천 ‖ ....

....

‖ 낭독 ‖ "예수께서 신 포도주를 받으신 후에 이르시되 다 이루었
다 하시고 머리를 숙이니 영혼이 떠나가시니라"(요 19:30).

‖ 필사 ‖

....

....

....

"다 이루었다"라고 하셨습니다. '다'라는 말은 '어느 하나 빠짐없이
전부 다'라는 말이고, '이루었다'는 '완성했다', '성취했다'는 뜻입니
다. 뜻한 바가 있었고, 결국 완수했다는 것입니다. 예수님이 이 땅
에 내려와 하고자 했던 것을 남김없이 달성했다고 대외적으로 천
명하신 것입니다. 그것도 십자가 위에서 거친 숨을 몰아쉬며, 피를
뚝뚝 흘리며 당신의 목적을 이루었다고 십자가 아래의 사람들에게
공표하셨습니다.

　아무리 생각해도 의아합니다. 십자가는 당대의 가장 난폭한 방
식으로 집행되던 사형 도구입니다. 로마의 교양 있는 사람이라면
그 단어를 입으로 말하는 것조차도 꺼리며 그 단어를 들으면 불쾌
해합니다. 십자가에서 죽은 가난한 식민지 백성인 청년 예수 그리
스도가 "다 이루었다"고 말했으니 믿기 어렵습니다. 우리야 십자가

를 예수님의 상징이자 기독교의 상징으로 수용해서 때로는 웅장하게, 때로는 아름답게 장식하고 목과 귀에 걸고도 다니지만, 그때의 십자가는 모두가 고개를 돌리는 참혹한 처형 도구였습니다.

때문에 저는 종종 십자가를 다른 단어로 바꾸어 부르곤 합니다. "십자가 십자가 내가 처음 볼 때에/ 나의 맘에 큰 고통 사라져/ 오늘 믿고서 내 눈 밝았네/ 참 내 기쁨 영원하도다." 새찬송가 151장, 〈만왕의 왕 내 주께서〉의 후렴입니다. 저 후렴구의 십자가, 십자가를 '총살형, 총살형'이라고 찬양해 보십시오. 아니면 '교수형, 교수형', '단두대, 단두대'라고 해도 됩니다. 이런 단어를 집어넣으면 오싹하기 그지없습니다. 없던 고통도 생길 지경입니다.

그런 십자가 위에서 "다 이루었다" 외치신 것은 호언장담(豪言壯談)도 아니고 허장성세(虛張聲勢)도 아닌 그야말로 새빨간 거짓말로 들립니다. 예수와 함께 죽겠다고 큰소리치던 제자 집단은 뿔뿔이 흩어졌습니다. 그중 한 명은 배신 후 스스로 목숨을 끊었고, 가장 믿었던 제자는 자기 살자고 스승을 모른다고 발뺌하기 급급했습니다. 나머지는 도망가기 바빴고 말입니다. 버림받은 사람이 무엇을 이루었다고 저리 큰 소리로 "나는 다 이루었다"고 하는 것일까요?

헤롯처럼 수십 년 동안 건축하는 성전을 지은 것도 아니고, 엄청난 부를 일구어 낸 것도 아니고, 그것으로 엄청난 자선을 행한 것은 더더욱 아니고, 수많은 무리를 이끌며 그들로부터 명예와 존중, 칭찬과 갈채를 받은 것도 아닙니다. 그로부터 치유 받았던 이들이 어디 한둘이겠습니까마는 누구 하나 코빼기도 보이지 않습니다. 드

넓은 제국을 건설하기는커녕 땅 한 뙈기도 없어 누울 무덤을 구하지 못하고 아리마대 요셉이 준비한 무덤에 장사된 이가 편안한 죽음도 아니고 사지를 비틀며 끔찍하게 죽어 가는 처지에 다 이루었다고 말하는 것은 다시 말하건대 새빨간 거짓말입니다.

당신의 말은 한 적이 없고 아버지가 하라는 말만 하시는, 하나님 아버지의 아바타 같은 예수의 입에서 저리 터무니없는 거짓말이 나오다니요? 사람이 죽을 때 하는 말은 아름답다 했습니다. 진실이고 무거운 법입니다. 일생 동안 타인뿐만 아니라 자신을 속였다 하더라도 죽음 앞에서는 진실을 말하는 법입니다. 백조는 죽을 때 가장 아름다운 노래를 부른다고 했는데, 예수님의 마지막 말은 왜 이리도 어처구니없는 것일까요. 그분의 삶을 배반하는 말이요, 십자가 위에서 남기신 다른 여섯 번의 말씀과도 상치됩니다.

다 이루었다는 말이 허황하게 들리고 어이가 없는 것은 어쩌면 우리의 시각이, 우리의 기준이 잘못되었거나 예수님의 것과 달라서이지 않을까요? 정치적으로는 무소불위(無所不爲)의 권력을 가지고, 경제적으로는 돈으로 원하는 것을 죄다 사들이고, 사회적으로는 평판과 명예를 누리고, 종교적으로는 수많은 군중을 군집시켜야 성공한 것이고, 인생 승리이고, 의미 있고 보람된 삶을 살았다는 우리의 세계관에서 보면 예수는 실패자이고, 십자가는 패배자의 상징에 불과합니다.

그러나 예수님은 그 실패한 것 같은 죽음을 통해 당신을 비워 종(빌 2:7)이 되셨고, 받는 것보다 주는 것이 복된 삶을(행 20:35) 사셨습니다. 남을 십자가에 못 박지 않고, 당신을 십자가에 못 박으셨습니다. '남'을 죽이는 대신에 '나'를 죽이는 길을 걸으셨습니다. 그래서 모두가 사는 십자가의 길을 선택하셨습니다. 그렇게 예수님은 십자가에서 모든 것을 이루셨습니다.

‖ 묵상 ‖

‖ 기도 ‖　죽음으로써 다시 사시고, 패배함으로써 승리하시는 예수님을 믿습니다. 죄 많은 저를 용서하신 당신의 사랑에 힘입어 저도 제 십자가를 지겠습니다. 이제껏 누리던 세상 모든 즐거움과 자랑거리들을 내려놓고 당신을 따르겠습니다. 여호와는 나의 목자시니 당신만 있으면 제게는 어떤 것도 부족하지 않습니다. 예수님의 이름으로 기도합니다. 아멘.

‖ 실천 ‖

‖ 낭독 ‖   "예수께서 신 포도주를 받으신 후에 이르시되 다 이루었
다 하시고 머리를 숙이니 영혼이 떠나가시니라"(요 19:30).

‖ 필사 ‖

....

....

....

예수님의 첫 말씀은 용서, 곧 죄 사함에 관한 것이었습니다. 용서란
하나님 나라의 관문입니다. 그렇다면 용서는 어떻게 이루어질까
요? 우리는 잠시 구약으로 돌아가 볼 필요가 있습니다. 그곳에서는
하나님과의 어그러진 관계, 부정과 불의를 고치는 시스템이 제사
였습니다. 제사를 통해 우리는 하나님의 용서를 받고, 이웃과 화목
하게 되고, 자기 자신과도 조화로운 관계를 맺게 되는 것입니다.

제사에 필수적인 것이 하나 있습니다. 바로 제물입니다. 각자의
지위와 재정 상황에 맞게 제물을 준비해서 드립니다. 구약의 제사
와 제물에는 다양한 형태가 있지만, 기본은 동물이고, 번제입니다.
사람의 죄를 대신해서 죽임을 당하고 불로 태워집니다. 제물은 인
간의 죄를 위해 대리 희생됩니다. 우리 죄를 대속하는 존재라고 해
도 됩니다.

요한복음에서 예수님은 제물로 오신 분입니다. 세례(침례)자 요한이 예수를 가리켜 한 말이 그것입니다. "이튿날 요한이 예수께서 자기에게 나아오심을 보고 이르되 보라 세상 죄를 지고 가는 하나님의 어린양이로다"(요 1:29). 특정한 한두 사람도 아니고, 모든 사람의 모든 죄를 대신해서 희생되는 순결한 양이 바로 예수님입니다. 그러기에 예수님의 십자가에서 다 이루셨다는 말은 희생 제물로서의 사명을 온전히 감당했다는 것입니다.

이를 보여 주는 것이 예수께서 십자가에 달리시는 시각입니다. 요한에 의하면, 십자가에 못 박히신 그날은 '준비일'입니다. 유월절을 준비하는 날입니다(요 19:14, 31). 그리고 십자가에 달리신 시각은 제 육 시 입니다. 요한복음은 로마식 시간표를 사용하는데, 오늘날의 우리 시간으로는 오후 6시입니다. 유월절 전날 해질 무렵 성전에서 유월절 양을 잡기 시작하는 시간입니다(출 12:6).

또 하나는 다리가 꺾이지 않았다는 것입니다. 예수님을 제거하려던 사람들은 유월절 준비를 위해 예수님의 다리를 꺾어 달라고 요청합니다(요 19:31). 큰 망치로 다리를 세게 내려쳐서 일찍 죽게 만드는 것입니다. 이는 십자가에서 많게는 사나흘 동안 매달려 받는 고통을 줄여 주는 나름의 자비로운 행동입니다. 그러나 십자가 위의 명패 '유대인의 왕'과 마찬가지로 그들은 자신들의 의도와 달리 성경을 이루는 도구가 되었습니다. 본래 번제물로 드려지는 양들은 다리뿐 아니라 뼈를 꺾지 않습니다. 그런 것은 흠 있는 제물이기 때문입니다.

십자가는 성전이고, 예수님은 제물이었습니다. 다 이루었다는 말은 제물로서의 사명을 완수하셨다는 것입니다. 예수님은 모든 인간의 죄 사함과 피조물의 구원을 위해 하나님께 드려지는 어린 양이십니다. 그러나 여느 희생 제물과는 다릅니다. 제물이라는 점에서는 같지만, 그분이 예수 그리스도, 곧 하나님이라는 점에서는 확연하게 다를 수밖에 없습니다. 한마디로 말하면, 예수님은 모든 제물이 더는 필요 없게 만드신 제물입니다.

왜 제물이 다시는 불필요할까요? 적어도 1년에 한 번, 이스라엘 백성은 성전에 나아가 제물을 드렸습니다. 경제적 수준에 따라서 부유한 이는 소를, 대개는 양을 한 마리, 가난한 사람들은 비둘기 두 마리를 바쳤습니다. 양 한 마리가 1년 동안 지은 죄를 사하기 위한 제물이라면, 하나님이신 예수님은 어떨까요? 모든 사람의 모든 죄를 씻고도 남음이 있습니다. 그런데도 제물이 있어야 한다면 어린양 예수의 하나님 되심을 부정하는 일입니다.

이를 극명하게 보여 주는 것이 성전 정화 사건입니다. 요한복음에서는 다른 복음서와 달리 소와 양을 내쫓으시는 주님에게 포커스를 맞춥니다. 날아가면 잡기 어려운 비둘기는 그 주인에게 갖고 나가라고 하십니다. 제물이 필요 없다는 것입니다. 내 죄를 위해 나 아닌 타자를 희생시키는 방식의 제물을 부정하십니다. 언제까지 내 죄를 위해 가축들이, 짐승들이 죽어 나가야 한단 말입니까.

나를 대신해서 누군가가 희생하는 메커니즘이 종결된 이후에 주님은 우리에게 말씀하십니다. 이제는 내가 남을 위해 희생해야 한다고 말입니다. "너희 몸을 하나님이 기뻐하시는 거룩한 산 제물로 드리라"(롬 12:1). 이제 제물을 희생하는 예배는 없습니다. 나를 대신해서 누군가를 희생시키는 예배도 없습니다. 죽이거나 죽는 제물이 아니라, 살아 있고 살려 내는 제물이 되는 나날의 삶이 하나님이 기뻐하시는 제물이자 예배입니다. 제물 삼는 삶이 아니라 제물 되는 삶이 하나님이 기뻐하시는 예배입니다.

‖ 묵상 ‖

‖ 기도 ‖ 온전한 저를 주님께 바칩니다. 저는 주님의 종입니다. 몸도 마음도 제 것이 아닙니다. 당신이 원하신다면 그 무엇도 저에게 족하지 않을 수 없습니다. 이제껏 주인 삼았던 모든 것을 내려놓고, 곁눈질하던 시선을 거두고 말씀 앞에 나아갑니다. 예수님의 이름으로 기도합니다. 아멘.

‖ 실천 ‖

‖ 낭독 ‖   "예수께서 신 포도주를 받으신 후에 이르시되 다 이루었
다 하시고 머리를 숙이니 영혼이 떠나가시니라"(요 19:30).

‖ 필사 ‖ ....

....

....

오늘이 인생의 마지막 날이라면, 지난날을 회상하며 아쉬운 것이
있다면 무엇인가를 성취하지 못한 후회를 토로하는 이가 없지 않
을 것입니다. 대부분은 사랑한다, 고맙다, 미안하다고 말하지 못한
것, 좀 더 친절하고 따뜻하게 대하지 못한 것, 타인의 시선과 기준
에 맞추느라 정작 자신의 소원을 심중에 묻어 두고 지냈던 것들을
후회합니다. 자신을, 이웃을, 가족을 좀 더 사랑하지 못한 것이 한
스럽습니다.

  주님이 십자가에서 완성하신 것은 무엇이고, 우리가 완성해야
할 것은 무엇일까요? 누군가 말하기를 지옥에서는 '걸걸걸' 소리가
난무하고, 천국에서는 '다다다' 소리가 진동한다고 합니다. 그때 사
랑할 걸, 미안하다고 말할 걸, 힘든 시간을 보내는 이와 시간을 같
이 보낼 걸, 이렇게 말하는 사람들이 모인 곳이 지옥이라면, 그때

사랑하길 잘했다, 그날 미안하다고 말하길 잘했다, 그 시간에 힘든 친구와 함께하길 잘했다고 말하는 사람들이 모인 곳은 천국이라는 것입니다.

주님의 십자가는 사랑의 완성입니다. 이미 요한복음 13장부터 그분은 당신에게 남은 시간을 사랑으로 완결해야 함을 말씀하셨습니다. "유월절 전에 예수께서는, 자기가 이 세상을 떠나서 아버지께로 가야 할 때가 된 것을 아시고, 세상에 있는 자기의 사람들을 사랑하시되, 끝까지 사랑하셨다"(요 13:1, 새번역). 여기서 끝까지라 함은 언제까지라도 변치 않음이요, 무슨 일이 있어도, 상대의 변심에도 상관없는 변치 않음입니다.

주님은 이 말씀을 하신 다음 곧바로 제자들의 발을 씻어 주십니다(요 13:4-15). 제자가 선생을, 인간이 하나님의 발을 씻어도 모자랄 판국에 반대로 선생이자 하나님인 주님이 한갓 인간인 제자의 발을 깨끗이 닦아 주십니다. 아낌없는 사랑이고, 후회 없는 사랑입니다. 서로의 발을 내미는 곳이 아니라 서로의 발을 씻어 주는 곳, 그곳이 하나님 나라의 공동체이고, 그것이 제자입니다. 서로의 발을 씻어 주는 것은 고난도 수치도 아니요, 영광이고, 하나님을 영화롭게 하는 것입니다.

그 사랑을 받았으니 그 사랑을 해야 합니다. 그런데 가장 사랑해야 하지만 가장 사랑하기 힘든 사람은 내 앞에 그리고 내 옆에 있는 사람입니다. 멀리 있는 사람, 나와 직접적인 관계가 없는 이들을 위해서는 울지만, 내 곁의 사람은 울립니다. 죽기까지 사랑하기는커녕 외롭고 시리게 하는 것은, 끝까지 사랑하기는커녕 사랑을 끝장 내는 것은 그 사람이 아니라 바로 나였습니다. 발을 씻기기는커녕 내 발을 씻어 주지 않는다고 투정만 부렸습니다.

19세기 아프리카 깊숙한 곳의 사람들이 유일무이(唯一無二)하게 기억하는 유럽인은 단 한 사람이었습니다. 후대에 그곳을 지나치는 이들은 그 사람에 관한 이야기를 듣곤 했습니다. 그들의 이야기가 일관되게 가리키는 단 하나의 언어 그리고 그 사람을 말하는 이들의 얼굴에 묻어나는 추억이 지시하는 단 하나의 언어는 사랑이었습니다. 그가 무슨 말을 했는지, 어떤 나라의 언어로 말했든지 간에 그들은 이 한 사람의 얼굴과 몸짓과 행동을 통해 알았던 것입니다. 그 사람의 내면에 충만한 사랑을 그리고 그가 자신들을 사랑한다는 것을 말입니다. 그는 선교사이자 의사인 데이비드 리빙스턴(David Livingstone)이었습니다.

그냥 사랑하는 것인데, 그저 사랑하는 것인데, 그렇게 사랑하는 것인데 왜 이리 핑계와 변명이 많을까요. 손 한번 잡아 주고, 안아 주고, 토닥여 주고, 말없이 지켜보고, 들어 주고, 한곳을 바라보며 같이 걸어가는 것, 그렇게 사랑을 연습하다 보면 문득 어느 날 사랑에 목이 타들어 갈 것입니다. 오늘이 마지막인 듯 사랑할 것입니다. 십자가는 기어이 그런 사랑을 하도록 우리를 따뜻하게, 그러나 강력하게 밀어붙일 것입니다.

좋은 삶을 살고 싶었던 왕이 있었습니다. 그에게는 궁금한 것이 세 가지가 있었습니다. 그것은 자신에게 가장 중요한 사람, 일 그리고 시간이었습니다. 이 셋만 안다면 후회가 없을 훌륭한 삶을 살았다고 마지막에 말할 수 있을 것 같습니다. 그런 그가 발견한 것은, 가장 중요한 사람은 내 곁의 사람이고, 가장 소중한 일은 그들에게 사랑을 베푸는 일이며, 무엇과도 바꿀 수 없는 시간은 그들과 함께 있는 현재라는 것입니다. 사랑하기 좋은 골든타임은 바로 지금입니다.

‖ 묵상 ‖ ....

....

‖ 기도 ‖ 하나님, 사랑은 한 끗 차이로 결정되는 듯합니다. 양보할지 말지, 말 한마디를 다정하게 해 줄지 말지로 내가 베푸는 사랑은 달라집니다. 저에게 그 한 끗 차이를 넘어설 힘이 있으면 좋겠습니다. 주님이 넘치게 부어 주시는 은혜와 감사에 힘입어 그 한 끗을 넘어서기를 기도합니다. 예수님의 이름으로 기도합니다. 아멘.

‖ 실천 ‖ ....

....

∥ 낭독 ∥ "예수께서 신 포도주를 받으신 후에 이르시되 다 이루었
다 하시고 머리를 숙이니 영혼이 떠나가시니라"(요 19:30).

∥ 필사 ∥
....

....

....

인생에서 꿈을 성취했다고 말할 것이 하나만 있어도 그는 성공한
사람일 것입니다. 그런데 주님은 하나나 둘도 아니고, 모든 것을 완
벽하게 이루셨습니다. 그러면 '내가 할 일은 무엇일까' 하는 질문이
생깁니다. 남아 있는 것이 하나도 없으니 우리는 그저 그분이 행하
신 것을 누리기만 하면 그만이 아닐까 하는 생각을 합니다. 더 이상
좋을 수 없습니다. 십자가는 내 안의 나태와 안일을 정당화하기 딱
좋은, 이기적인 나를 더 이기적으로 만드는 것이 아닐까요?

 십자가는 모든 것의 완성이지만, 모든 것의 출발점입니다. 바울
은 십자가를 방패 삼아 우리의 게으름과 편안함을 정당화하지 못
하도록 분명하게 못을 박습니다. "이제 나는 여러분을 위하여 고난
을 받는 것을 기쁘게 여기고 있으며, 그리스도의 남은 고난을 그분
의 몸 곧 교회를 위하여 내 육신으로 채워 가고 있습니다"(골 1:24, 새번

). 주님이 다 이루신 것이 아니라는, 그래서 우리 인간이 무엇인가를 보태야 한다는 말로 들립니다. 하지만 사도 바울이 십자가 고난의 부족함을 말할 리 만무합니다. 주님은 모든 것을 이미, 그때 완성하셨습니다.

이는 앞서 말한 사랑하는 일을 지금 여기서 살아 내야 한다는 말입니다. "주님이 다 하셨으니 나는 할 일이 없어, 나에게는 할 수 있는 능력이 없어"라고 말하는 이가 있다면 그야말로 배은망덕에 지나지 않습니다. 하기 싫은 것입니다. 우리는 십자가의 사랑을 다 알지 못하지만, 충분히 알고 있습니다. 십자가의 은혜에 합당한 삶을 살아야만 합니다. 다 살아 내지 못한다는 말을 아무것도 할 수 없다는 말로 비틀어서는 안 됩니다. 주님이 당신의 사랑과 같은 크기의 헌신을 요구하실 리 없습니다.

한 제자가 공자에게 고백합니다. 스승의 도리를 들으면 너무 좋은데, 그대로 살려고 하니 힘이 모자란다고 말입니다. 공자는 냉정하게 말합니다. 힘에 부치도록 달리다가 중도에 그만둘 수도 있으나, 처음부터 나는 못 한다, 힘이 없다 단정하는 것은 애초에 할 의지가 부족하다는 뜻이라고 말입니다. 못 하는 것이 아니라 안 하는 것입니다.

포도나무에 붙어 있는 가지 된 우리가 우리 안에 거하시는 성령의 능력에도 불구하고 못 한다는 말부터 할 수는 없습니다. 주님이 우리에게 할 수 없는 일을 요구하실 리 없습니다. 그냥 시작해 보는 것입니다. 작게나마 해 보는 것입니다. 아무것도 안 하는 것이 나을 때가 없지 않지만, 뭐라도 해야 무슨 일이든 생깁니다. 아무 일도 안 하면 아무 일도 일어나지 않습니다. 아니, 그냥 가만히 있으면 한 달란트 받은 사람의 운명에 처하고 맙니다(마 25:24-30).

도스토예프스키의 《죄와 벌》에 보면 세상을 뒤집어엎고 싶은, 그래서 새 세상을 만들고픈 욕망을 지닌 머리 좋은 청년이 등장합니다. 그가 세계 역사에서 보았던 영웅들은 하나같이 수없이 많은 사람을 죽음으로 몰아넣었습니다. 카이사르, 알렉산더, 칭기즈 칸, 나폴레옹에 이르기까지 예외가 없었습니다. 한 사람을 죽이면 살인자지만, 수만, 수십만을 죽이면 영웅이었습니다. 그런데도 그들을 찬양하는 영화와 노래가 계속해서 만들어지고 있습니다. 하지만 정작 자신이 그런 영웅인지는 자신이 없습니다.

청년은 시험을 해 보기로 합니다. 가난한 사람을 착취하는 추악한 전당포 노파가 그 대상이었습니다. 성공하고 돌아 나오는 그는 현장을 목격한 노파의 순수한 여동생마저 죽이고 맙니다. 그는 죄책감에서 헤어나지 못합니다. 얼마 전에 만났던 소냐는 주정뱅이 아버지와 병든 새엄마와 동생을 부양하기 위해 창녀가 되었어도 신심 깊은 소녀였습니다. 그녀의 간절한 권유를 받고 자수하게 된 주인공 라스꼴리니코프는 갱생의 길로 나아갑니다.

《죄와 벌》의 마지막 말입니다. "그러나 이제 새로운 이야기, 한 사람이 점차로 소생되어 가는 이야기, 그가 새롭게 태어나는 이야기, 그가 한 세계에서 다른 세계로 옮겨 가는 이야기, 이제까지는 전혀 몰랐던 새로운 현실을 알게 되는 이야기가 시작되고 있다. 어쩌면 이것은 새로운 이야기의 주제가 되기에 충분할지 모르겠지만, 지금 우리의 이야기는 이것으로 완결되었다."

소녀의 지고지순한 희생적 사랑이 그리스도의 사랑을 완성했고, 라스꼴리니코프에게 이전과는 다른 새로운 이야기가 시작되었습니다. 타자 희생이 아니라 자기희생, 분노와 폭력이 아닌 사랑과 용서가 한 사람의 생애를 바꿉니다. 주님은 우리를 새로운 세계로 초대하십니다. 모든 것을 다 이룬 십자가가 새 이야기의 시작입니다. 십자가로 이제 다시 시작입니다.

‖ 묵상 ‖

‖ 기도 ‖　하나님, 우리에게 희망을 주심에 감사합니다. 주님을 만나기 이전의 저는 아무런 희망도 없이 비관하며 미련하게 살아가고 있었습니다. 십자가를 통해 새로운 세상을 보여 주시고 저에게도 새로운 내일이 기다리고 있다고 말해 주셔서 참 좋습니다. 넘치는 은혜에 감사합니다. 예수님의 이름으로 기도합니다. 아멘.

‖ 실천 ‖

6장
나눔과 질문

◇◇◇◇

1. 당신이 오늘을 산 목적은 무엇인가요? 그것이 예수님과 닿아 있다고 생각하나요?

2. 당신이 직면해야 할 문제는 무엇인가요? 그것을 직면하는 것이 왜 힘든가요?

3. 십자가의 예수님은 무엇을 다 이루셨나요? 혹시 이루지 못한 것이 있다고 생각하나요?

4. 당신이 생각하는 제물이 되는 삶은 무엇인가요? 그 삶을 하나님께서 기뻐하신다고 믿는 이유는 무엇인가요?

5. 당신이 사랑하는 사람은 누구이고, 당신을 사랑하는 사람은 누구인가요? 그들의 차이점은 무엇인가요?

6. 당신에게 '이전과 다른 삶'은 무엇인가요? 당신의 이전 삶은 어땠나요?

7 __ 아버지, 내 영혼을

예수께서 큰 소리로 불러 이르시되
아버지 내 영혼을 아버지 손에 부탁하나이다 하고
이 말씀을 하신 후 숨지시니라

_눅 23:46

‖ 낭독 ‖ "예수께서 큰 소리로 불러 이르시되 아버지 내 영혼을
　　　　아버지 손에 부탁하나이다 하고 이 말씀을 하신 후 숨지
　　　　시니라"(눅 23:46).

‖ 필사 ‖

....

....

....

저는 우스갯소리로 점을 잘 본다고 말합니다. 제가 본 점은 한 번도
틀린 적이 없습니다. 100퍼센트 확실합니다. 그것은 '당신은 죽는
다'라는 사실입니다. 누구나 죽기 마련이고, 그것을 바꾸거나 뒤집
을 사람은 없습니다. 그것은 필연적인 법칙(히 9:27)입니다. 이 법칙
의 확실성을 예수님에게서도 볼 수 있습니다. 하나님이신 예수 그
리스도도 죽음을 면제받지 못했습니다. 그러니 나도 당신도 죽습
니다. 아니 죽어야 합니다. 죽게 되어 있습니다.

　마지막 말씀을 묵상하기 전에 여섯 말씀을 일별해 보려고 합니
다. 시작은 용서였습니다. 용서하는 일은 십자가를 지는 아픔이지
만, 그 길을 건너야 낙원에 이릅니다. 용서하지 못하면 우리는 언제
까지나 낙원 밖에서 슬피 울며 이를 갈아야 합니다. 주님께 용서받

고 서로를 용서할 때 하늘이 열립니다. 에덴동산은 저 산 너머가 아니라 바로 내 곁에 있습니다. 그래서 가족과 교회 공동체에 "소중한 건 옆에 있다고 먼 길 떠나려는 사람에게 말"해야 합니다((이젠 그랬으면 좋겠네) 박주연 작사, 조용필 작곡).

주님의 하나님께 버림받음으로 인한 절규는 우리 모두의 경험입니다. 고통을 어떻게 통과하느냐, 고통을 어떻게 받아들이느냐에 따라 우리 삶은 확연히 달라집니다. 우리 대신 버림받으신 주님은 '상처 입은 치유자'입니다. 이어서 목마르다고 하셨습니다. 의미에 관한 말씀입니다. 하나님이 아닌 것들로 채우느라 헛헛했던 영혼을 하나님으로, 말씀으로, 사랑으로 꽉꽉 채울 때 충만한 삶이 된다고 십자가 위에서 말씀하십니다.

마침내 하나님 아버지의 뜻을 모두 이루셨습니다. 성취한 곳은 놀랍게도 십자가 위였습니다. 으리으리한 궁전이나 화려한 성전이 아니었습니다. 십자가에서 죽는 것이 하나님의 뜻이었고, 당신의 인생 목적이었습니다. 우리의 소원과는 사뭇 다릅니다. 그곳에서 일찍이 죽임을 당한 어린양이 되어 인간을 구원하는 희생 제물이 되셨고, 목숨 다해 사람을 사랑하셨습니다. 그 사랑을 흠뻑 받은 우리도 다시 사랑할 용기를 얻습니다.

이제 마지막 이야기를 할 차례입니다. 바로 '죽음'입니다. 아마도 많은 종교와 사상 중에서 죽음을 가장 심각하게 여기는 것은 단연 기독교 신앙일 것입니다. 복음서들은 예수님의 활동보다 고난과 죽음의 이야기를 기록하는 데 지면을 훨씬 많이 할애합니다. 사도 바울은 인간을 무력화하고 노예화하는 온갖 정사와 권세를 나열하면서 가장 악한 세력으로 죽음을 꼽습니다. "죽음아, 너의 승리가 어디에 있느냐? 죽음아, 너의 독침이 어디에 있느냐?"(고전 15:55, 새번역).

누구나 죽는다는 것을 알지만, 그것이 남의 일인 양 외면하기 일쑤입니다. 피할 수 없는 일을 피한다고 될 일이 아니거니와 그럴수록 더 공포에 빠지게 됩니다. 이를 두고 꿩 머리 숨기기라 합니다. 머리만 수풀에 숨긴다고 될 일이 아닙니다. 그래 봤자 포수에게 들통 납니다. 영락없이 죽음 앞에 선 우리 모습입니다.

정녕 주님은 죽으셨지만, 죽음을 이기고 다시 사셨습니다. 할렐루야! 그렇기에 우리는 예수님의 죽음을 통해 죽는 법을 배웁니다. 그리고 참답게 사는 법도 배웁니다. 삶의 눈으로 보면 죽음은 삶의 종언(end)이지만, 삶의 목적(end)이기도 합니다. 죽음의 위협 속에서도 잘 죽는 것이 그간 살았던 내 이력의 마침표입니다.

그리고 그 죽음 앞에서 우리는 사는 법도 배우게 됩니다. 미치 앨봄(Mitch Albom)의 《모리와 함께한 화요일》에 보면 죽음을 목전에 둔 노스승이 옛 제자에게 조용히 말합니다. "어떻게 죽어야 할지 배우게 되면 어떻게 살아야 할지도 배울 수 있다네." 그러고는 잠시 후 한마디를 보탭니다. "일단 죽는 법을 배우게 되면 사는 법도 배우게 되지." 어떻게 죽어야 할까요? 예수님처럼! 어떻게 살아야 할까요? 예수님처럼! 어떤 말을 남길까요? "아버지, 내 영혼을 아버지 손에 맡깁니다."

‖ 기도 ‖ 하나님, 살다 보니 사람들의 시선, 돈, 명예 속에서 때로
저 자신을 잃어버리고 맙니다. 그러나 주님께서는 언제
나 저의 본모습을 바라봐 주십니다. 아무도 달래 주지
않아서 울고 있는 저를 안아 주시고, 정신 차리고 바른
길로 가라고 혼내며 인도해 주십니다. 예수님처럼 살아
가는 것이 저의 진심임을 다시금 깨닫습니다. 예수님의
이름으로 기도합니다. 아멘.

‖ 실천 ‖

‖ 낭독 ‖ "예수께서 큰 소리로 불러 이르시되 아버지 내 영혼을
아버지 손에 부탁하나이다 하고 이 말씀을 하신 후 숨지
시니라"(눅 23:46).

‖ 필사 ‖

때 이른 죽음으로 저의 내면세계를 황량한 벌판으로 만들었던 아
버지에 대한 추억이 많지 않습니다. 몇 개의 기억 중 하나는, 덥수
룩한 제 머리를 깎아 주신 일입니다. 대야와 수건을 가져온 후 마당
의 수돗가에서 '바리캉'으로 밀어 주셨습니다. 그런 적이 없었고 무
서웠던 분이어서 싫다는 내색을 못 했습니다. 숨 쉬는 것이 힘들었
으니 말입니다. 당시는 몰랐지만, 아버지는 당신의 죽음을 예감하
고 제게 마지막 선물을 남기신 것이었습니다. 그것은 아버지만의
이별 의식이었습니다.

지금 제게 남은 것은 그분의 손입니다. 제 어깨와 귓불, 머리를
스치던 손의 촉감이 아직 살아 있습니다. 부딪칠 때 저도 모르게 움
찔하기도 했지만, 부드럽지 않았으나, 무겁고 묵직한 손이었습니

다. 그래도 뭐랄까, 기댈 수 있는 손이라는 느낌이 있었습니다. 먼저 가서 미안하다고, 내가 없어도 잘 견디라며 제 어깨를 쓰다듬어 주는 손이었습니다. 아마도 아버지는 속으로 우셨을 것입니다. 그 손을 잡아 드렸어야 했는데, 무서워서, 슬퍼서, 몰라서 그러지 못했습니다.

제가 아버지를 아버지의 손으로 기억하듯, 주님도 하늘 아버지의 손이 그리우셨나 봅니다. 다시 한 번 그리고 마지막으로 불러 보는 그리운 이름, 아버지이지만, 목전에 닥친 죽음 앞에서 주님은 아버지의 손을 생각하셨습니다. 그 손에 당신을 내맡기십니다. 그러자 평화가 넘쳤을 것입니다. 다른 누구도 아닌 아버지의 손이니 말입니다.

렘브란트(Rembrandt Harmenszoon van Rijn)의 〈탕자의 귀향〉이 생각납니다. 돌아온 아들을 두 손으로 안아 주는 그림입니다. 그 작품에서 화가는 아버지라는 존재를 손으로 치환합니다. 꼭 안고 있는 두 손에 우리의 시선을 두도록 그렸습니다. 화폭 속 등장인물들도 손을 주목하고 있습니다. 왼손은 두툼합니다. 일하는 손으로 남성, 곧 아버지의 것입니다. "내 너를 다시는 잃어버리지 않으리라. 내 너를 지키고 보호하리라." 반면 오른손은 보드랍고 섬세합니다. 어머니의 손입니다. "네가 떠난 날부터 지금껏 한시도 잊지 않았어. 괜찮아. 언제까지나 널 사랑해."

예수님은 전능한 하나님의 손, 사랑이 그지없으신 아버지 손에 당신을 의탁하면서 죽은 자를 살리던 당신의 손을 의지하지 않으셨습니다. 죽음이란 그런 것입니다. 내 손으로 어찌할 수 없는 것이 아니겠습니까. 죽지 않겠다고 발버둥 쳐도 부릅뜬 눈을 감아야 하고, 꽉 움켜쥔 손을 펴야 합니다.

죽음이란 '움켜쥠'이 아니라 '내려놓음'입니다. 두 손으로 있는 힘을 다해 잡고 있던 것을 내려놓는 것이고, 생명에의 집착과 죽음의 공포를 하늘 아빠의 손에 내어 맡기는 것입니다. 죽음이 우리에게 가르치는 것은 삶을 계획하고 통제하려 들지 말라는 것입니다. 남의 삶을 지배할 수도, 장악할 수도 없습니다. 모든 것이 하나님의 수중에 있습니다.

공중 곡예사들은 그네를 타고 멋진 포물선을 그리며 하늘 높이 날아오릅니다. 맞은편의 캐처는 정확한 타이밍을 맞추어 그의 양팔을 붙잡아 줍니다. 아래에서 바라보는 이들은 행여나 잡았던 손을 놓칠까, 아예 못 잡을까 맘 졸이다가 우레와 같은 손뼉을 칩니다.

공중에서 캐처의 손을 어떻게 잡는지를 헨리 나우웬이 물었습니다. 공중 곡예사는 그냥 두 팔을 내밀어 그가 잡아 주기를 기다린다고 합니다. 놀라서 아무것도 하지 않느냐고 되묻자 그는 이렇게 답합니다. "아무것도 하지 않습니다. 그네를 타고 나는 사람이 할 수 있는 최악의 일은 자기가 캐처의 손을 잡으려 하는 것입니다." 십자가의 주님은 캐처인 하늘 아버지를 신뢰하셨습니다. 그분의 손을 꽉 붙잡으려 하지 않고 당신의 두 팔을 죽 내미셨습니다.

"주님여 이 손을 꼭 잡고 가소서/ 약하고 피곤한 이 몸을/ 폭풍우 흑암 속 헤치사 빛으로/ 손잡고 날 인도하소서"(〈주님여 이 손을〉 토마스 도로시 작사/작곡).

∥ 묵상 ∥

∥ 기도 ∥ 하나님, 온전한 저를 드리기 원합니다. 재물도, 꿈도, 희
망도, 괴로움도 모두 다 주님 손에 내려놓습니다. 죽음
앞에서, 하나님 앞에서 저는 실오라기 하나 걸치지 않은
순수하고 온전한 저 자신이 됩니다. 세상에서 묻은 때와
많은 거짓말을 깨끗이 씻고, 태어날 때처럼 주님 앞에
섭니다. 예수님의 이름으로 기도합니다. 아멘.

∥ 실천 ∥

‖ 낭독 ‖　"예수께서 큰 소리로 불러 이르시되 아버지 내 영혼을
　　　　　아버지 손에 부탁하나이다 하고 이 말씀을 하신 후 숨지
　　　　　시니라"(눅 23:46).

‖ 필사 ‖　..

　　　　　..

　　　　　..

제게 가장 어려운 호칭은 '아버지'입니다. 너무 일찍 여읜 아버지의
부재가 드리운 그늘입니다. 기도할라 치면 아버지로 부르는 것이 어
색하고, 남사스럽고, 진저리가 쳐졌습니다. 살가운 아버지를 본 적
이 드물었고, 대개는 성난 모습, 미친 듯이 일하는 모습이었습니다.
그러다가 지병을 얻어 몇 년의 투병 생활을 하다 돌아가셨습니다.
　대학을 졸업하고 신학대학원을 다니던 어느 추운 겨울날, 그날
은 첫눈이 살포시 내렸습니다. 대전에서 서울로 향하는 통일호 기
차의 창밖이 을씨년스러웠습니다. 내리는 눈은 아버지가 돌아가실
때를 연상하게 했습니다. 아버지는 눈이 무진장 오는 날에 돌아가
셨기 때문입니다. 무섭고 멀기만 했지만 그래도 그리운지라 온갖
상념에 젖어들었습니다. 그러다가 깨달았습니다. 아버지는 제가

잘못하면 혼내는 정의로운 하나님 아버지를 닮았다고 말입니다. 그날 하나님을 처음으로 아버지라고 불러 보았습니다.

그러다가 어머니가 생각났습니다. 당시는 주님을 믿지 않으시던 터라 신학교에 간다는 말에 보이신 표정을 잊을 수 없습니다. 온순한 분이었는데 불같이 화를 내셨습니다. 그렇지만 속으로는 무너져 내리셨습니다. 다시는 안 볼 것처럼 하시더니 첫 학기 보내고 방학을 맞아 슬금슬금 기어들어온 아들에게 하소연도 하고 호통도 치셨습니다.

제 뜻을 꺾을 수 없음을 알고 한숨만 푹푹 쉬셨습니다. 그러고는 한 학기 등록금이 얼마인지를 물으며 방바닥 장판을 걷어 올리셨습니다. 꼬깃꼬깃 모아 둔 돈을 헤아려 대부분을 건네다가 손을 멈추셨습니다. 잠깐 주저하더니 나머지 돈마저 몽땅 주셨습니다. 장터에서 생선 장사하는 어머니에게 감사하다, 미안하다는 말도 차마 못 하고 돈만 받은 저는 못난 아들이었습니다.

눈을 맞으며 장사하시는 어머니 생각에 눈물이 납니다. 그때 알았습니다. 우리 하나님도 어머니와 같다고 말입니다. 아무리 잘못해도, 당신의 뜻을 거역해도 모든 것을 용서하고 모든 것을 주시는 분이심을 말입니다. 그날 저는 하나님을 온전히 만났습니다. 사랑의 하나님, 내 어머니 같은 하나님을 말입니다.

그때로부터 지금까지 '내 아버지 하나님, 내 어머니 하나님'이라고 호명하며 기도를 시작하는 것이 습관이 되었습니다. 그것은 아마도 돌아온 탕자를 맞이하는 렘브란트의 그림 속 하나님을 닮았습니다. 렘브란트는 아버지의 손과 어머니의 손을 가진 하나님으로 그렸습니다. 그것은 하나님의 아버지 되심, 어머니 되심입니다. 제가 만난 하나님도 그랬습니다.

최후의 일곱 번째 말의 첫 단어는 '아버지'입니다. 가상칠언 중 첫 말씀(눅 22:42)과 마지막 말씀에는 아버지가 자리합니다. 당신에게 무자비한 폭력을 행사하는 악인을 용서해 달라는 청원을 드릴 때와 죽음을 눈앞에 두고 당신의 영혼을 돌봐 주실 것을 요청하기 위해서 아버지를 찾으십니다. 당신을 비우고 종이 되신 그분이 아버지에 의해 영화롭게 될 순간이 된 것입니다. 십자가를 통해 아버지의 아들로 천상에 올라가십니다.

모든 시대마다 질병이 있습니다. 그러나 어느 시대나 앓는 질병 중 하나는 아버지의 부재 혹은 아버지의 독재입니다. 아버지라는 존재가 없거나 자녀를 방치하는 한 극단과 폭력적이고 강압적으로 군림하는 아버지라는 또 다른 극단 사이에서 자녀들은 힘겨운 시간을 보냅니다. 탕자처럼 아버지 집을 떠났다가 돌아오거나, 형처럼 집 안에 있으면서도 내면 풍경은 탕자와 다를 바 없이 살거나 둘 중 하나 또는 둘 사이의 어느 지점에 있습니다.

아버지와의 화해는 모든 사람이 다다라야 할 최종적인 지점입니다. 아버지와의 일시적 분리를 겪었던 아들 예수는 마침내 아버지 품에서 하나가 되었습니다. 부모와의 불화를 견뎌 내고 화해하게 될 때, 우리는 진정으로 아들과 딸이 되고, 아버지와 어머니가 됩니다. 탕자처럼 떠났다가 돌아오거나, 아니면 아브라함처럼 아예 아버지를 떠나야 할 이도 많습니다. 자녀 세대가 그 부모와의 불화를 겪고 쉽지 않은 여정을 걷는 일은 숙명입니다. 그렇게 우리 인생은 아들/딸에서 아버지/어머니가 되는 길입니다.

불완전한 아버지와 달리 아버지의 원형이요, 완성인 하늘 아버지를 만남으로써 저는 아들이 되었고, 아버지가 되었습니다. 물론 아직도 되어 가는 중입니다. 저는 지상의 아비를 잃고 천상의 아비를 만나 아들이 되었습니다. 그리고 두 아이의 아빠가 되었습니다. 언젠가 주님이 오시거나 주님을 만나러 가는 날, 천국 문 앞에서 이렇게 말할 것입니다. "아빠, 아빠, 저예요, 아빠 아들. 제가 왔어요. 많이 기다리셨죠. 문 좀 열어 주세요."

‖ 묵상 ‖ ....

....

‖ 기도 ‖ 오늘따라 정말 주님이 보고 싶습니다. 때로는 이 기도가 오지 않는 답장을 기다리는 혼잣말처럼 느껴지곤 합니다. 그래서 아주 가끔은 주님이 원망스럽습니다. 하지만 언제나 제 곁에 계시는 주님을 믿기에 이런 날에도 다시 주님께 기도를 드립니다. 오직 주님의 말씀에만 귀 기울이게 해 주십시오. 예수님의 이름으로 기도합니다. 아멘.

‖ 실천 ‖ ....

....

‖ 낭독 ‖   "예수께서 큰 소리로 불러 이르시되 아버지 내 영혼을 아버지 손에 부탁하나이다 하고 이 말씀을 하신 후 숨지시니라"(눅 23:46).

‖ 필사 ‖

딸이 두 돌이 채 되지 않았을 즈음입니다. 아장아장 걷기 좋아하고 여기저기 사방팔방으로 돌아다니던 무렵입니다. 어느 주일, 예배를 마친 후 점심을 먹고 놀다가 아이를 강대상 위에 올려놓았습니다. 그러고는 두세 걸음 뒤로 물린 다음 두 팔을 벌렸습니다. 아이가 저에게 안기는 것을 주저할 줄 알았습니다. 겁먹은 표정으로 보고 있으면 얼른 다가가서 안아 줄 참이었습니다. 그런데 아이는 강대상 위에서 펄쩍 뛰어내려 제 가슴으로 풍덩 뛰어들었습니다. 아무 생각 없이 벌린 가슴으로 냉큼 뛰어든 딸을 안고 놀란 가슴을 몰래 쓸어내렸습니다. 강대상이라 높은데다가 거리도 멀었기 때문입니다. 내심 무서워하거나 와서 안아 달라고 보챌 줄 알았습니다. 그렇게 달려 안길 줄을 전혀 예상치 못했습니다.

'아, 이것이 믿는다는 것이구나.' 저는 이 일을 통해 아버지 품에 안기는 것이 신뢰임을 배웠습니다. 이를 두고 브레넌 매닝(Brennan Manning)은 '거침없는 신뢰'라 했습니다. "내게 거침없는 신뢰란, 예수님과 그 아버지께서 상상이 필요치 않은 방식으로 나를 사랑하심을 흔들림 없이 확신하는 것이다." 있는 그대로 인정하고 받아들이는 것입니다. 딸의 시야에 들어온 것은 두 팔 벌린 아버지뿐이었습니다. 그것이 아이가 본 것이고, 있는 그대로의 사실입니다. 그 외의 것은 눈에 들어오지 않고, 일고의 가치도 없습니다.

어쩌면 초점은 신뢰보다는 아버지입니다. "아이는 아빠를 신뢰합니다. 그래서 전폭적으로 자신을 내맡겼습니다." 이 문장에서 신뢰한다는 서술어와 주어인 아이보다는 신뢰의 대상인 목적어가 더 중요합니다. 무턱대고 의탁하지 않으니 말입니다. 그냥 아빠이니 믿고 풍덩 달려든 것입니다. "믿음의 주요 또 온전하게 하시는 이인 예수를 바라보자"(히 12:2).

그렇다고 자기 인식이 덜 중요한 것은 아닙니다. 그 아이는 제 딸이었으니 말입니다. 즉, 우리는 '그것'(it)이라고 말해야 하는 어떤 대상이 아닙니다. '너'라는 이인칭도 적절하지 않습니다. 아이는 저와 인격적 관계를 맺고 있는 둘도 없는 제 딸입니다. 제가 아빠이기에 달려들었고, 딸이기에 거침없이 믿었던 것입니다. 아빠가 아니고 딸이 아니라면 저리 행하지 못했습니다.

때문에 믿음은 아무것도 하지 않는 것이 아닙니다. 바울이 기억하는 데살로니가 지역 성도들의 특징 중 하나는 '믿음의 행위'(살전

1:3, 새번역)입니다. 그들은 믿음으로 수고를 했습니다. 그렇기에 '나는 할 수 없어', '내가 해서 뭣해'라는 체념은 신뢰와 거리가 멉니다. 사실 그것은 의존이지 의지가 아닙니다. 두 개념의 차이를 빗대어 표현하면, 서로 기댄 두 사람을 생각하면 됩니다. 한 사람이 상대가 기댄 어깨를 살짝 빼낼 때 잠시 비틀거릴지언정 넘어지지 않으면 의지이고, 꽈당 넘어지면 의존이라 할 수 있습니다.

하나님 아버지에게 거침없이 전적인 신뢰를 보내셨던 주님은 우리에게도 그 신뢰를 보내십니다. 하늘 아버지에게 당신의 영혼을 부탁하셨듯이, 요한에게 어머니를 돌볼 것을 부탁하셨습니다. 바울은 사도행전에서 두 번이나 성도들을 주님께 의탁합니다(행 14:23, 20:32). 이는 그가 그들에게 주권자 노릇을 하지 않으며, 자기 의지로 타인을 처분하거나 어찌할 수 없다는 인정입니다. 무엇보다도 최고이자 최상의 돌봄은 주님의 돌보심이기 때문입니다.

그렇다고 그것으로 우리의 게으름을 정당화해서는 안 됩니다. 이는 나태해도 된다는 뜻이 아닙니다. 권해생 교수는 《십자가 새롭게 읽기》에서 "하나님께 맡기는 믿음은 하나님 나라를 위한 거룩한 열심이라는 열매로 나타난다"고 말했습니다. 주님도, 바울도 하나님 아버지가 알아서 하실 것이라는 확신으로 게으르기보다는 눈붙일 겨를도 없이 열심히 수고하셨습니다. 이제 당신 차례입니다. 그간에는 주님이 수고하셨으니, 이제는 우리가 그 일을 맡아야 합니다.

‖ 묵상 ‖

‖ 기도 ‖ 예수님은 당신의 사랑을 행동으로 보여 주셨습니다. 아파하는 이웃들을 치유하시고, 소외된 사람들과 함께 식사하셨습니다. 저도 예수님께 그리고 사랑하는 이웃들에게 뛰어가 안기며 함께 아파하고 기뻐하며 살아가겠습니다. 아버지이신 주님께서 제 손을 잡아 주시니 이제 무엇도 두렵지 않기 때문입니다. 예수님의 이름으로 기도합니다. 아멘.

‖ 실천 ‖

‖ 낭독 ‖   "예수께서 큰 소리로 불러 이르시되 아버지 내 영혼을
아버지 손에 부탁하나이다 하고 이 말씀을 하신 후 숨지
시니라"(눅 23:46).

‖ 필사 ‖ ....

....

....

타 대학의 저명한 노교수의 강의라 인간학 수업을 수강했습니다.
그 교수는 젊은 시절, 폐렴을 크게 앓고 오래 병원 신세를 졌습니
다. 같이 병동 생활한 이의 운명은 남은 사람에게 큰 영향을 미칩
니다. 그분은 당신 자신과 주변 사람에게 이렇게 말하곤 했답니다.
"잘 죽어라. 죽음은 너만의 것이 아니다. 우리가 아는 모든 죽음은
타인의 것이다. 네/내 죽음을 보고 죽음의 공포를 느끼기도 하고,
편안하게 받아들이기도 한다. 잘 죽자."

　　예수님의 죽음은 우리에게 있어 타자의 것입니다. 그것도 처절
하게 아리고 아픈 죽음입니다. 저주스러운 죽음이기에 겉보기에는
무시무시한 공포로 다가옵니다. 고통스러운 죽음을 일찍 끝낸 것
이 차마 다행이라는 생각도 하게 됩니다. 주님이 그만 아프셨으면

좋겠다 싶은 바람의 표출입니다. 내 사랑하는 주님의 고통을 보고 싶지 않은 것입니다. 나를 대신해서 고통당하신 주님에 대한 감사와 함께 미안함이 크기에 그렇습니다.

그러나 그분의 최후는 패배가 아니었습니다. 그것은 승리입니다. 최후의 원수인 죽음(고전 15:25)에게 일격을 가한 사건입니다. 그로써 죽음은 제 힘을 잃고 고꾸라졌습니다. 그러므로 십자가는 죽음에 대한 승리의 고지입니다. 알렉산더 슈메만(Alexander Schmemann)은 "그리스도교의 주된 관심은 죽음을 받아들이는 법이 아니라 죽음을 이긴 승리에 있습니다"라고 말했습니다.

무슨 근거로 승리라고 말하는 것일까요? 첫 번째는 마지막 말씀 안에 숨어 있습니다. 앞에서 말했듯이, 마치 아빠의 품에 안기는 아이와 같기 때문입니다. 사랑하는 하늘 아빠의 품에 풍덩 안기는 아이의 해맑고 편안한 얼굴을 떠올려 보면 됩니다. 그러므로 주님의 마지막 말씀은 결코 죽음 앞에 무너져 내린 이의 절규가 아닙니다. 하나님께 자신의 모든 것을 맡긴 자의 평화로움으로 읽어야 합니다.

두 번째는 '큰 소리'입니다. '큰 소리'라고 하면 외마디 비명으로 생각하기 십상입니다. 너무나 괴로운 나머지 자기도 모르게 단말마로 내지르는 소리 말입니다. 복음서에서 큰 소리는 예수님의 승리를 가리키는 단어입니다. '큰 소리'는 죽음에 패배한 자의 고통에 찬 절규가 아니라, 죽음을 정복한 자의 승리에 찬 함성입니다. 주님은 죽음을 이기고 다시 사셨습니다.

세 번째는 '숨지다'입니다. 문자적 의미는 돌아가셨다는 뜻입니다. 그러나 신약성경은 성도의 죽음을 일관되게 '잠을 잔다'로 표현합니다. 예수님은 죽은 나사로를 살리러 가자며 일어설 때 잠자는 친구를 깨우러 간다고 하십니다(요 11:11). 이미 죽은 지 나흘이 된 나사로에게도, 어린 소녀의 죽음에 모두가 구슬피 우는 한복판을 가로지르면서도 "울지 말라 죽은 것이 아니라 잔다"(눅 8:52)라는 한마디로 모두의 비웃음을 사십니다.

바울도 다르지 않습니다. 그는 한사코 '죽은 자'라는 용어를 꺼립니다. 그는 기어이 '잠든 자'라고 합니다. 죽음과 부활에 대해 고민하는 고린도교회에 보낸 서찰(고전 15:18, 20)에서도, 잘못된 종말론에 빠져 현재의 삶을 방기(放棄)하고 있는 데살로니가 지역의 교회에 띄운 서신(살전 4:13-15)에서도 몇 차례나 '잠든 사람'이라고 말합니다.

하나님의 관점에서 보자면, 주 안에서 죽은 자들은 다시 깨울 수 있기 때문입니다. 십자가로 죽음을 이기셨습니다. 잠을 자듯 안식하고 있기 때문입니다. 하늘 아버지 품에 와락 안기셨던 주님처럼, 예수님과 함께 낙원에 들어갔던 강도처럼, 허다한 구름 같은 믿음의 증인들이 누리는 지복의 안식을 누리고 있기에 잠을 잔다고 한 것입니다. 우리는 마지막 날에 푹 잠을 자고 일어나듯이 부활할 것입니다.

그리고 보면 잠으로 상징되는 안식은 창조의 목적이요, 완성입니다. 종종 6일 창조라고 말하지만, 실상은 7일 창조입니다. 마지막 날 안식 혹은 안식일을 창조하셨습니다. 놀라운 점은, 엿새 동안은 '저녁이 되고 아침이 되었다'라는 말이 있는데, 유독 이레째에는 없습니다. 본래 하나님의 의도는 우리 인간이 언제까지나 7일의 삶, 곧 안식을 즐기기를 바라신 것입니다.

주님도 장사한 지 사흘 만에 살아나신 것은 고난 받은 날과 부활하신 날 사이가 안식일이었기 때문입니다. 즉, 주님은 죽어 계셨다기보다는 편안히 잠들어 계셨습니다. 모든 것을 아버지 손에 의탁하신 주님의 승리와 승리 이후의 달콤한 잠과 안식은 우리가 어떠한 죽음을 죽어야 할지를 알려줍니다. 그리스도인은 '잘 가'(Good Bye)라고 인사하지 않고 '잘 자'(Good Night)라고 인사해야 합니다. 오늘도 주 안에서 편안하기를 기도합니다.

‖ 묵상 ‖ ....

....

‖ 기도 ‖ 하나님, 예수님은 죽음으로부터 부활하기까지 3일이라는 시간이 걸리셨습니다. 지금 제 삶이 지치고 고될지라도 예수님을 향한 순수한 믿음과 이웃을 향한 다정한 마음을 잃지 않도록 도와주십시오. 이 시기는 언젠가 지나갈 것이고, 사라진 줄 알았던 희망이 부활하여 제 곁으로 올 것을 믿습니다. 예수님의 이름으로 기도합니다. 아멘.

‖ 실천 ‖ ....

....

‖ 낭독 ‖   "예수께서 큰 소리로 불러 이르시되 아버지 내 영혼을 아버지 손에 부탁하나이다 하고 이 말씀을 하신 후 숨지시니라"(눅 23:46).

‖ 필사 ‖ ....

....

....

"건강을 지켜 주시길 기도합니다. 얼마 전 목사님께서 심장 스텐트를 하셨고, ○○형제도 수술했습니다. 하나님, 한순간의 호흡조차도 주님이 허락하지 않으시면 제 것이 될 수 없음을 고백합니다. 언제나 당연히 내일이 있을 것같이 교만하게 살았던 것을 회개합니다. 하루하루가 주님이 주신 선물이었음을 다시금 깨닫습니다. 이 귀한 선물 같은 일상을 하루하루 더 이어 나갈 수 있는 은혜를 허락해 주옵소서."

제가 섬기는 교회 성도의 주일 대표 기도문입니다. 언젠가 명치 위가 죄어 오는 느낌이 불편하고 불안해서 병원에 들렀습니다. 심장 혈관이 너무 좁아져서 길 가다 쓰러져도, 잠든 중에 운명해도 하나도 이상하지 않을 정도로 심각한 상태입니다. 다행히 미리 발견해서 시술하고 안전하게 퇴원했습니다. 당사자인 저보다 주변 사람들이 더 놀라고 걱정을 많이 해 주었습니다. 저 역시 '나도 죽을 수 있구나. 죽음이 그리 멀지 않구나'라는 사실을 새삼 느꼈습니다.

성도의 기도문 중 '선물 같은 하루하루'가 제 가슴에 와 닿았습니다. 그날 이후로 아침에 눈을 뜨자마자 중얼거리곤 합니다. "주님, 오늘도 선물 같은 하루를 주서서 감사합니다. 오늘 하루도 주님 손에 맡깁니다." 아마도 일평생 아침마다 드리는 저의 첫 기도와 마지막 기도가 될 것입니다. 이 기도를 오래오래 드렸으면 좋겠습니다.

주님의 이 마지막 기도에는 역사가 있습니다. 시편의 기도입니다. "내가 나의 영을 주의 손에 부탁하나이다"(시 31:5). 주님의 마지막 말은 그분이 지어 낸 것이 아니라 시편의 기도를 당신의 것으로 삼으신 것입니다.

스데반은 힘을 다해 던지는 묵중한 돌에 맞아 피를 철철 흘리며 몽롱한 의식 가운데서 저 기도를 드렸습니다(행 7:59). 사도 요한의 제자로 알려진 폴리캅(Polycarp)도 순교하는 상황에서 이 말씀으로 기도했습니다. 종교 개혁의 선구자로 끝내 화형당해 죽었던 존 후스(John Hus), 위대한 종교 개혁자 마르틴 루터와 그의 둘도 없는 동지인 멜랑히톤(Philip Melanchton)도 이 구절을 벗 삼아 주님 품에 안겼습니다.

뫼비우스의 띠처럼 마지막은 처음이기도 합니다. 날마다 내가 죽는다는 사실을 기억하며 저 기도를 드려야 합니다. 매일매일 주

안에서 주와 함께 죽는 우리의 기도문입니다. "자기를 부인하고 날마다 제 십자가를 지고"(눅 9:23). 누가는 다른 복음서(마 16:24; 막 8:34)에 없는 독특한 한 단어를 기입해 넣었습니다. '날마다'(everyday)입니다.

사도 바울은 우렁차게 말합니다. "형제자매 여러분, 나는 감히 단언합니다. 나는 날마다 죽습니다!"(고전 15:31, 새번역). 이 선언은 부활의 확실성을 논증하는 과정에서 터져 나온 함성입니다. 날마다 죽는다는 말은 삶에 대한 비관이나 체념이 결코 아닙니다. 날마다 다시 사는 삶에 대한 확신과 염원이 담긴 희망찬 선포입니다. 오늘을 마지막 날처럼 살아야 합니다.

교통사고로 죽음 직전에 이르렀던 헨리 나우웬은 날마다 죽는 삶을 '자아의 죽음'이요, '작은 죽음'이라고 표현합니다. "인생이란 자아에 대해서 죽어 가는 기나긴 여정"이기에 날마다 죽는 삶은 자아의 죽음입니다. 그리고 그 죽음은 '작은 죽음'입니다. 자아가 죽었기에 타인을 위해 죽을 수 있는 것입니다. 우리는 타인을 사랑하기 위해 '작은 죽음'을 날마다 죽어야 합니다.

이제 끝입니다. 십자가 없는 이전 삶은 끝이 나고 십자가와 함께 사는 새로운 삶이 시작됩니다. 십자가에 달리신 예수 그리스도와 함께 날마다 죽고 날마다 사는 이야기가 우리의 긴 여정입니다. 그 길을 날마다 시작하고 새롭게 써 내려가기를 바랍니다. 주 안에서 날마다 죽고 살아나 선물 같은 하루를 누리는 당신을 바울의 위대한 선언으로 축복합니다. "그런즉 누구든지 그리스도 안에 있으면 새로운 피조물이라 이전 것은 지나갔으니 보라 새것이 되었도다"(고후 5:17).

‖ 묵상 ‖

‖ 기도 ‖ 하나님, 오늘도 선물과 같은 이 하루에 감사드립니다.
삶에 따라오는 고통과 아픔과 상처들을 모두 끌어안아,
추운 겨울이 지나 피는 꽃처럼 피워 내고 싶습니다. 죽
음 이후에 부활하신 예수님의 사랑처럼 매일매일 새롭
게 거듭나는 당신의 자녀가 되기를 원합니다. 예수님의
이름으로 기도합니다. 아멘.

‖ 실천 ‖

7장
나눔과 질문

◇◇◇◇

1. 죽음을 바로 알면 어떻게 살아야 할지 배우게 됩니다. 죽음 앞에서 우리는 어떤 반응을 해야 할까요?

2. 내 손의 힘을 뺄 때 주님의 손이 나를 꽉 잡을 수 있습니다. 당신이 힘을 빼야 할 삶의 영역은 무엇인가요?

3. 당신은 하나님을 아버지라 부를 수 있음에 감격하고 있나요? 그 감격의 마음을 담아 다시 한 번 아버지라고 불러 보세요.

4. 당신은 오늘 주님께 모든 것을 다 맡겼나요? 아버지 하나님께 모든 것을 다 아뢰었나요? 그러지 못했다면 하나님께 모든 것을 맡기는 기도를 드려 보세요.

5. 당신이 날마다 경험하는 부활은 어떤 것인가요? 부활 신앙은 당신의 삶에 소망이 되고 있나요?

6. 당신에게 있어야 하는 '작은 죽음'은 무엇인가요? 그 죽음이 어떻게 예수를 닮아 있다고 생각하나요?

참고 서적

1일_ 레프 니콜라예비치 톨스토이,《이반 일리치의 죽음》(창비)

5일_ 김기현,《내 안의 야곱 DNA》(죠이선교회)
한나 아렌트,《인간의 조건》(한길사)

8일_ 디트리히 본회퍼,《성도의 공동생활》(복있는사람)

9일_ 헨리 나우웬,《예수님을 생각나게 하는 사람》(두란노서원)

10일_ 레프 니콜라예비치 톨스토이,《사람은 무엇으로 사는가》(문예출판사)

11일_ 로렌스 형제,《하나님의 임재 연습》(좋은씨앗)

12일_ 이청준,《당신들의 천국》(문학과지성사)
엔도 슈사쿠,《침묵》(홍성사)

15일_ C. S. 루이스,《천국과 지옥의 이혼》(홍성사)

17일_ 김동수,《요한복음의 교회론》(대한기독교서회)
레슬리 뉴비긴,《요한복음 강해》(IVP)

30일_ 스캇 펙, 《아직도 가야 할 길》(율리시즈)

엘리자베스 퀴블러 로스, 《죽음과 죽어감》(이레)

32일_ 박대영, 《예수님을 따라가는 요한복음 3》(두란노서원)

33일_ 헨리 드러몬드, 《사랑, 세상에서 가장 위대한》(IVP)

34일_ 공자, 《논어》(휴머니스트)

도스토예프스키, 《죄와 벌》(열린책들)

35일_ 미치 앨봄, 《모리와 함께한 화요일》(세종서적)

36일_ 헨리 나우웬, 《기도의 삶》(복있는사람)

38일_ 브레넌 매닝, 《사자와 어린양》(복있는사람)

권해생, 《십자가 새롭게 읽기》(두란노서원)

39일_ 알렉산더 슈메만, 《죽음아, 너의 독침이 어디에 있느냐?》(비아)

40일_ 헨리 나우웬, 《거울 너머의 세계》(두란노서원)